布朗神父探案全集Ⅳ

THE COMPLETE FATHER BROWN

梅鲁神山的红月亮

[英] G.K. 切斯特顿◎著
林红 迩东晨 支雷◎译

時代文藝出版社

图书在版编目（CIP）数据

梅鲁神山的红月亮 / (英) 切斯特顿 (Chesterton，G.K.) 著；迩东晨等 译.
—长春：时代文艺出版社，2013.10（2018.1重印）
（布朗神父探案集）

ISBN 978-7-5387-4379-1

I. ①梅… Ⅱ. ①切… ②迩… Ⅲ. ①侦探小说－小说集－英国－现代 Ⅳ. ①I561.45

中国版本图书馆CIP数据核字（2013）第241120号

出 品 人　陈　琛
产品总监　郭力家
选题策划　方　伟
责任编辑　方　伟　姜程程　刘　婷
装帧设计　孙　俪
排版制作　吴　毓

梅鲁神山的红月亮

［英］ G.K.切斯特顿 著　迩东晨等 译

出版发行 / 时代文艺出版社
地址 / 长春市泰来街1825号 时代文艺出版社 邮编 / 130011
总编办 / 0431-86012927 发行部 / 0431-86012957 北京开发部 / 010-63108163
官方微博 / weibo.com / tlapress 天猫旗舰店 / sdwycbsgf.tmall.com
印刷 / 三河市京兰印务有限公司
开本 / 710mm×1000mm　1 / 16　字数 / 140千字　印张 / 12.75
版次 / 2014年2月第1版　印次 / 2018年1月第2次印刷　定价 / 39.80元

图书如有印装错误　请寄回印厂调换

目录

布朗神父的秘密

弗朗博一度是法国最知名的罪犯，后来又成为英国非常隐秘的私家侦探，而且早已退休。有人说他的犯罪生涯让他有了太多顾虑，影响了他的侦探生涯。不管怎样，在历经一番闪转腾挪化险为夷之后，他终于找到还算满意的落脚之处，这就是位于西班牙的一座城堡，这城堡虽小却也坚固。褐色的半山腰上，有一大片黑紫色的葡萄园和一畦畦绿油油的菜园。因为尽管弗朗博饱经惊心动魄的冒险，他仍能有声有色地经营自己的退休生活，许多拉丁人都有这种本事，而这正是（譬如说）许多美国人所缺乏的。这种精神体现在众多酒店业主身上，他们唯一的心愿就是当个普通农民。这种精神也体现在众多法国外省店主身上，在他们即将跻身可恶的百万富翁行列，足以买下整条街上的商店之际，却戛然收手，急流勇退，只想安享平静舒适的家庭生活，没事玩玩骨牌。弗朗博不经意间爱上了一位西班牙女子，然后就结婚生子，并在西班牙的庄园养育了一个大家庭。此后，他没有表现出任何想要摆脱这种生活、再次出游的迹象。但是在一个特别的早晨，他的家人却发现他异常兴奋和不安。他跑到了男孩子们的前面，一路冲下长长的山坡，去迎接一位路过山谷的客人。此时，那位客人还只是远方的一个黑点呢。

那个黑点渐渐变大，但是外形没怎么变，因为大致说来，它还是又圆又黑。这片山区的居民对于神职人员的黑衣并不陌生，但这身衣服却不同，尽管也是神职人员的装束，但与教士服或神父法袍相比，却显得既朴实无华而又生机勃勃，表明衣者来自西北方的岛国，仿佛他被打上了伦敦西南克拉珀姆枢纽的清晰标记似的。来人拿着一把短粗的伞，把手看着像块木疙瘩。一看见这熟悉的影像，弗朗博激动得几乎流下泪来，因为这把伞曾出现在很久以前两人共同经历的奇遇之中，因为来人是这位法国人的英国朋友。在经历了长久的期待和一次次耽搁之后，布朗神父终于来这里看望他了。他们通信往来一直没间断，但已有多年不曾见面了。

布朗神父很快就融入了这个大家庭，这家不是一般的人丁兴旺，竟让他感觉像是进了一个社团或者社区。在西班牙，孩子是家庭生活的中心，和他们有关的事物很重要，因此神父先被介绍给了涂彩镀金的3尊大木雕像，他们就是“三国王”①，在圣诞节时会给孩子们送礼物的。这家人还带着神父一一见过农场上的狗、猫和牲畜。凑巧的是，在此期间神父还被介绍给了一位邻居，这位邻居与神父一样，也给这个山谷带来了洋溢着异域气息的服饰和习俗。

就在神父来此小住的第三天晚上，他看到一位气宇轩昂的陌生人光临

---

① 三国王：东方三博士或三贤士。依据《圣经》的《马太福音》，有几位博士在东方看见伯利恒方向的天空上有一颗大星，便带着黄金、乳香、没药，跟着它来到了耶稣基督的出生地。有人认为他们分别是卡斯珀、梅尔基奥尔和巴尔萨泽。美国诗人朗费罗据此写了题为《三国王》的圣诞颂歌。

这座小城堡，来问候这家西班牙人，他鞠躬的姿态是任何西班牙贵族都学不来的。他是一位高挑、瘦削、头发花白、风度翩翩的绅士，双手保养得很好，袖口和袖扣晶莹锃亮。与英国漫画中那些长袖口、修整指甲的人不同的是，他的长脸上毫无倦怠之相，而是显得异常机警，充满热望。他的双眼流露出纯真和强烈的好奇，这对头发花白的人来说，可不常见。单是这一点，或许就足以能认定他的国籍了，更何况他精致的嗓音中还夹带着鼻音，而且还动辄将身边大量欧洲的物件都臆想成古董。此人不是别人，正是波士顿的格兰迪森·蔡斯先生，一位美国旅行家，他暂时中断了美国式的旅行，租下了相邻的一处宅邸。那是一座相似的城堡，坐落在一处相似的山坡上。他很喜欢这座老城堡，也把那位友好的邻居当成当地古物那样看待。因为正如此前所说，弗朗博确实像是要在此落地生根，安享退休生活。他没准已经计划好，要与他的葡萄树和无花果树一起度过漫长的岁月了。他已经启用了真实的姓氏迪罗克，因为“火炬”不过是战场上的称号，就像常向社会发起挑战的人要有个响亮的名号一样。他深爱自己的妻子和孩子，除了偶尔打猎从不出远门。在这位周游世界的美国人看来，弗朗博的生活阳光、体面，有节制地享用着奢华。心明眼亮的美国人很清楚、也很欣赏环地中海地区民众追求这种生活的狂热劲，觉得弗朗博简直是这种狂热的化身。他来自西方，一直四海为家，居无定所，此时却犹如一块滚落到长满苔藓的岩壁间的滚石，欣喜地抽空小憩，惬意地享受南方半岛上凝结的厚重历史底蕴。不过蔡斯先生曾听说过布朗神父，甫见真容，说话的腔调略有改变，如同对待一位名人。他那爱打听的天性随即活跃起来，问话中不乏圆滑机智，但也咄咄逼人。若将与布朗神父的谈话比作拔牙的话，他就是个美国牙医，使出浑身解数，以最娴熟的手法拔除，使对方没感到一丝痛苦。

他们坐在这座宅子半露天的那种外院，西班牙宅院的进门处往往是这种布局。此时天光逐渐暗淡下来。因为日落后山里的空气顷刻间充满寒气，所以石板地上放了一个小火炉用来驱寒，炽热的炉火跃动着，就像小精灵的红眼睛，在路面上投射出红色的图案。不过，没有一丝光线投射到他们身边的墙下，那是面巨大、光秃的褐色砖墙，巍然耸立，直插深蓝色夜空。在昏暗中，依稀可见弗朗博肩膀宽大的伟岸身躯和剪成马刀状的大胡须，他跑前跑后地忙碌着，从一个木桶中汲取深色的酒，分发给众人。在弗朗博庞大身影的映衬下，神父显得只是小小的一团，似乎蜷缩在炉旁，而那位美国客人则将胳膊肘支在膝盖上，优雅地向前探着身，瘦削、精致的面庞整个被炉火照亮，双眼放射着好奇、睿智的光芒。

“请你相信，先生，”他说，“我们认为，你在‘月光谋杀’案中取得的成就，可谓是在侦探学史上记下的最辉煌的一笔。”

布朗神父讷讷自语了一句，听起来像是在抱怨。

“我们熟知迪潘[①]等人的所谓成就，”陌生人坚定地接着说，“勒科克[②]、夏洛克·福尔摩斯以及尼古拉斯·卡特[③]这些出神入化的侦探形象也都深入人心。但是我们发现，你的断案方法在很多方面都与这些人有着明

---

① C.奥古斯特·迪潘：又译“杜宾”，是在爱伦·坡所著世界上第一部推理小说《莫格街谋杀案》（1842年）中首次露面的法国侦探。

② 勒科克：法国侦探小说之父，埃米尔·加博里欧（1832—1873）笔下的侦探形象。

③ 尼克·卡特：虚构的私家侦探形象，最早出现于廉价小说《老侦探的学生》（又名《麦迪逊广场的神秘罪案》）中。该书作者为约翰·R.科里尔，出版于1886年9月。

显的不同，不管他们是虚构的还是现实存在的。有些人猜想，阁下，或许你与他们并非有什么方法上的不同，而是你没有一定之规，无法可循。”

布朗神父沉默着，然后身体抖了一下，犹如在炉旁打了个盹，开口道：“请原谅。是的……没有方法……恐怕也可以算作无心插柳吧！”

“我该说是条分缕析的科学方法，”问者接着说，“爱伦·坡用对话的形式写了几篇小论文，谈及迪潘的方法是注重精细的逻辑关系。华生医生听到的则是对福尔摩斯的方法所做的详尽阐释，它注重观察具体事物的细节。但至今无人对你的方法做过任何全面解读，布朗神父，我听说你拒绝了去美国就这一问题举办系列讲座的邀请。”

“是的，”神父皱着眉，盯着炉子说，“我拒绝了。”

“你的拒绝引发了大量有趣的议论，”蔡斯说，“我可以说，在我们那里，有些人议论说你那套科学无法阐述，因为它超出了自然科学的范畴。他们说你的秘密本质上是超自然的，只可意会不能言传。”

“是什么？”布朗神父厉声问道。

“噢，有些神乎其神，”蔡斯答道，“我可以告诉你，盖洛普、斯坦、默顿老人相继被谋杀，现在又发生了格温法官的谋杀案，再加上达尔蒙所犯的双重谋杀——他在美国可是个名人，所有这些都在社会上掀起了轩然大波。你是每次都在现场，恰好出现在故事中间，告诉大家谋杀案是怎么发生的，却只字不提你是怎么知道的。于是有些人就开始想象你有未卜先知的能力。卡洛塔·布朗森做了个有关思想形式[①]的演讲，还引用你

① 思想形式：主要为神学用语，指在特定时间或地点对某一问题进行思考时通用的预想、意象和词汇等的组合。

经手的那些案件加以说明。印第安纳波利斯的‘千里眼姐妹会’——”

布朗神父仍然凝视着火炉，然后又旁若无人地大声说：“噢，我说，这怎么行。”

“我真不知道到底该怎么办，”蔡斯先生幽默地说，“想让‘千里眼姐妹会’不乱说并不容易。我能想到的唯一一种阻止的方式，就是你来告诉我们你的秘密。”

布朗神父哼了一声，两手托头，呆了一会儿，似乎内心正在翻江倒海。然后他抬起头来，木然地说：“很好。我必须说出秘密了。”

神父神情忧郁，转动眼球，扫视着周边阴暗的场景，从小火炉的红光转到年代久远、光秃秃的墙面，墙头上方，南方的星辰渐渐变得明亮起来。

“秘密是，”他说，而后又停了下来，好像没法继续下去。然后他又开口说：“你要知道，是我杀了他们所有的人。”

“什么？”蔡斯微弱的声音打破了一片沉寂。

“你要知道，是我亲手杀了他们，”神父耐心地解释道，“所以我当然知道是怎么杀的。”

格兰迪森·蔡斯缓缓伸展伟岸的身躯，仿佛一个人被一种慢动作的爆炸力推至天花板上一样。他俯视着神父，再次抛出他的疑问。

“我精心策划每一桩罪案，”布朗神父接着说，“我精确地设想出怎样才能得手，以及一个人该以何种方式或者何种心态才能万无一失地办成。当我确信我的感觉完全跟凶手一模一样时，我自然就知道他是谁了。”

蔡斯缓缓地松了一口气。

“你可把我吓坏了，”他说，“我一时还真以为你是凶手呢！就在那一刻，我仿佛看到美国各家报纸竞相刊登了这样的报道：《圣洁侦探被曝是杀手：布朗神父的一百桩罪案》。哦，当然，这不过是比喻说法，只是说你试图重构罪犯的心理活动——”

布朗神父用他正要填充烟丝的短烟斗使劲敲着火炉，面部因生气而扭曲，这对他来说可是极少见的。

“不！不！不！”神父几乎恼怒地说，“我所说的并非比喻。这是试图探讨深奥问题时会用的语言……语言有什么用呢？如果你要谈的是纯粹道德层面的真理，人们却总以为那只是单纯的隐喻。一个两条腿的大活人曾对我说：‘我只在精神的意义上相信圣灵。’我自然就问了：‘那你还能在其他什么意义上相信它呢？’于是他认为我的意思是，除了进化论，或者伦理意义上的友情，或一些废话以外，他不必相信任何东西……我是说，我真的亲眼看见了自己，真实的自己，实施了谋杀。我并没有用物质手段实实在在地杀了那些人，可这不是问题的关键所在。一块砖或是什么小械具都可以作为物质手段，真的杀死他们。我要说的是，对于一个人如何能达到杀人的地步这个问题，我想了又想，直到我觉得我真的到了那种地步，我在各方面都与一个凶手完全一致，唯一不同的是我没有迈出最后一步、真正付诸行动而已。这是我的一位朋友曾建议我做的，权当是一种宗教修习了。我相信他是从教宗良十三世那儿学来的，那位教宗一直是我心目中的英雄。”

“恐怕，”这位美国人语气中仍然充满疑惑，他盯着神父，仿佛在观察一头野生动物，“你得再多说几句，我实在弄不明白你的意思。侦探科学——”

布朗神父啪地打了个响指，恼恨之情展露无遗。“这就对了，”他大叫着，“那正是我们的分歧所在。科学在你能把握它的时候是很伟大的。从本意上讲，它是世界上最伟大的词汇之一。但如今人们提到科学这个词，说到侦探是科学，犯罪学是科学的时候，他们十有八九是指什么呢？他们指的是，站在局外人的立场上去审视一个人，把他当作一个巨大的昆虫来研究，他们称之为不偏不倚、冷静客观的视角，而我却说那是一种毫无生气、剥离人性的视角。他们指的是站在离这个人很远的位置，仿佛他是一头遥远的史前怪物；审视‘罪犯的颅骨’的形状，仿佛那是生长异常的东西，犹如犀牛鼻子上的角。当科学家谈到某种类型时，他指向的从来不是自己，而是他的邻居，很可能是穷邻居。我并不否认冷静客观的视角有时也有益处，尽管它在一定意义上与科学背道而驰。它与知识相距如此之远，实际上是对我们已有的认识加以抑制。它是把朋友当成陌路，假装给我们熟悉的东西披上遥远、神秘的面纱。它就好比说某个人的两眼之间长了个大鼻子，或者说他每二十四小时内都要昏睡一次。呃，你所称的‘秘密’与此刚好相反。我不会试图与这个人保持距离。我会试图走近谋杀者的内心……而且还要更进一步，你难道不明白吗？我深入到一个人的内心。我总是深入到一个人的内心，摆动他的胳膊和腿。我会静待时机，直到我清楚地意识到我已与一个罪犯合而为一，想他所想，与他的激情缠斗，直到我完全能够感同身受他内心涌动的仇恨，直到我能透过他睥睨、血红的眼睛去看这个世界，以他狭隘、愚笨的眼光，透视近在眼前通向血泊的那一小段清晰的直路，直到我真的成了杀人犯。”

“哦，”蔡斯先生看着神父，表情冷峻严肃，又补充道，“这就是你所说的宗教修习。”

“是的，”神父说，“这就是我所说的宗教修习。”

稍稍沉默过后，他继续说道：“这种宗教修习太真实了，我宁愿从没提起它。只是我不能让你就这么离开，去跟你的同胞们说我身怀与‘思想方式’有关的秘密法术，对吧？我表述的并不太好，但所说都是真的。没有人能够真正向好，直到他知道自己有多坏或可能坏到什么程度；直到他认清自己到底有多少权利可以如此势利，如此讥讽，如此议论‘罪犯’，好像他们是万里之外森林中的猿人，直到他去除这些肮脏的抬高自己、贬低他人的自欺行径；直到他挤出自己灵魂里最后一丝的伪善；直到他心中存留的唯一期望是：用这种或那种方式抓到一个罪犯，让他享有平安与健康。”

弗朗博走上前来，斟上一大杯西班牙葡萄酒，放在他的朋友面前，他之前已经斟满一杯放在另外一位客人面前了。然后他才第一次开口说话：“我相信布朗神父又有了一批新的神奇故事。前两天我们还谈过。自从我们上次见面以后，他一直在和一些稀奇古怪的人打交道。”

“是的，我多少听说了一些，但是我不清楚神父在其中的作为，”蔡斯说着若有所思地举起酒杯，“你能否举一些例子，我想……我的意思是，你处理最近这批案子时采用的也是那种内省的方式吗？”

布朗神父也举起酒杯，热烈的炉火把红葡萄酒照得通透，像是殉道者窗户上的鲜红的玻璃。红色的火焰似乎攫住了他的双眸，深深地吸引着他的视线，仿佛那个酒杯是盛着人类所有的鲜血汇聚成的红海，而他的灵魂则潜入其间，越来越深地浸入黑色的谦卑和倒置的想象中，不断地向下滑落，穿过蛰伏于最底层的怪物，沉入最古老的淤泥。在那个酒杯里，正如透过一面红镜，神父看到了众象纷呈：自己最近的所作所为在暗红的阴影中游动；他的伙伴要他列举的例子呈现出形态各异的符号和象征在舞动；眼前掠过所有他要在此处讲述的故事。此刻，晶灿灿的红酒像是一轮硕大的夕阳，洒在暗红色沙滩上，那里站着几个昏暗的人影；一个倒下了，另一个正向他跑过去。随后，夕阳似乎裂成了斑斑碎片：这边是红灯笼高悬在花园树木上，摇曳摆动，那边有一池清水反射着红色光芒；然后所有色彩仿佛又汇聚成一只硕大而晶莹透亮的红玫瑰，这颗宝石犹如一轮红日照耀得整个世界明亮通透，除了那个昏暗的人影以外，那人如同远古时代的祭司一样戴着高高的头饰，而后一切又都渐渐消散，只剩下一撮火红的胡子在荒凉、灰暗的旷野上随风飘动。在那个美国人的挑动下，所有这些都在他的记忆中浮现出来，逐渐形成一桩桩轶事和一场场争辩，它们将在随后的故事中一一再现，只是换成了他人的视角以及他人的心境。

“是的，”神父将酒杯缓缓举到唇边说道，“我记得很清楚——”

治安法官家的镜子

詹姆斯·巴格肖和威尔弗雷德·昂德希尔是一对住在郊区的好朋友，他们喜欢在夜里漫步闲聊，随心所欲地穿行在寂静无声、了无生气、迷宫般的大街小巷之中。巴格肖身材魁梧，肤色黝黑，蓄着黑色的小胡子，天性乐观，是个职业警探。昂德希尔有张瘦削的脸，长着浅色头发，看起来很敏感，是个业余侦探爱好者。警探口若悬河，业余爱好者洗耳恭听，要是热衷于科学传奇的读者看到这个场面，恐怕会大为惊诧。

“我们这个行当，”巴格肖说，“是唯一一个人们认为从业人员总是在出错的行当。毕竟，人们不会写那种美发师不会剪头发、还需要顾客来帮忙的故事，或者那种出租车司机不会开车、还需要乘客来教出租车驾驶之道的故事。尽管如此，我从来不否认我们常常会有墨守成规的倾向。或者，换句话说，要遵守一种规则这种情况，对我们不利。传奇小说作家们所犯的错误就是，他们甚至无视遵守一种规则让我们拥有的优势。”

“当然，”昂德希尔说，“福尔摩斯会说他遵从一种逻辑规则。”

“他或许是对的，”另一位答道，“但我说的是一种集合规则，就像军队里的参谋部，我们汇集信息。”

“难道你认为侦探小说没有顾及到这个吗？”他的朋友问道。

“哦，就拿福尔摩斯的任何一件假想案件，还有官方侦探莱斯特雷德来说吧，可以这么说，福尔摩斯能够猜出正要过马路的陌生人是个外国人，纯粹是因为那人查看有没有来车时先朝左边看，而不是朝右边看①。我承认，福尔摩斯没准能猜出那一点。我也相当确信莱斯特雷德绝对不会有任何那样的猜测。但是人们遗漏了一个事实，不能猜测的警察很可能事先就知道真相。莱斯特雷德或许知道那是个外国人，仅仅是因为他的警署要密切留意所有的外国人。有人说他们也会留意所有的本国人。作为一名警察，我很高兴警方掌握了这么多情况，因为每个人都想做好本职工作。但作为一个公民，我有时不由得会想，警方是否知道的过多了。”

“你不会真的说，”昂德希尔狐疑地叫起来，“你了解走在一条陌生街道上的每个陌生人的所有情况吧？如果有个人从那边的房子里走出来，你会知道关于他的一切吗？”

“如果是房主，我应该会知道。”巴格肖答道，“租住那座房子的是个文人，还是个英国和罗马尼亚混血儿。他平常住在巴黎，为了他的某个诗剧，才过来小住的。他叫奥斯里克·奥姆，一个新潮诗人，我觉得他写的诗相当难懂。”

“可我指的是街上所有的人，”他的同伴争辩说，“我在想，这里全都那么陌生、新鲜、难以描述，那些光秃秃的高墙，每家每户都隐身在大花园深处。你根本不可能认识所有的人。”

---

① 英国交通规则与多数国家不同，车辆靠左侧行驶。

“我认识几个，”巴格肖答道，“我们边上的这道花园墙是汉弗莱·格温爵士家的地界，大家都叫他治安法官格温先生，这位老法官曾经为战时间谍的事争吵不休。隔壁那座房子属于一位富有的雪茄商人。他来自西属美洲，人长得很黑，特别像西班牙人，但他有个非常英式的名字：布勒。再往前的那座房子——你听到什么响声了吗？”

“听到了，”昂德希尔说，“可我实在听不出那是什么东西发出的声音。”

“我知道是什么，”侦探回答说，“那是一把大口径转轮手枪，开了两枪，然后是喊救命的声音。是从治安法官格温先生家的后花园传过来的，那里可是宁静和守法的天堂啊！”

他迅速朝街两边看看，然后补充说：“后花园唯一的大门是在另一边，要绕半英里的路。我真希望这面墙矮一些，或者我轻巧一些，不过也得试一试。”

“前面要矮一些，”昂德希尔说，“而且那边还有棵树，应该能帮上忙。”

他们急忙赶过去，来到一处墙头陡然降低的地方，好像有一半陷进了地里，但见一棵花园里的树从昏暗的墙头探出，在孤零零的街灯照射下，怒放的鲜花蒙上了一层金色光晕。巴格肖伸手抓住那根弯曲的树枝，一条腿搭上矮墙，没过多大工夫他们便站在了花园边齐膝深的花草当中。

在夜幕中，治安法官格温先生的花园呈现着奇特而精美的景观。花园占地面积很大，地处空旷的郊区边缘，那座高大、黢黑的房子在花园投下阴影，那是一排房子的最后一幢。它着实是一团黢黑，不仅被百叶窗遮得严严实实，里面还不见一丝灯光，至少俯视花园的一面是这样。但是处在阴影下的花园，本该是一片漆黑的，却有星星点点的亮光，像是余焰未消的烟花，仿佛燃烧着的巨大火箭坠入了树丛当中。待到走近，他们发现那是几盏彩灯发出的亮光，就像阿拉丁的宝石果子点缀在树间[1]，更令人称奇的是，有个圆形小池塘散射出淡淡的白光，宛如池塘底下燃着一盏明灯。

“他在举办派对吗？”昂德希尔疑惑地问，“花园里似乎灯火通明。”

“不对，”巴格肖答道，“这是他的一个嗜好，我觉得他独处时就喜欢这样做。那边的小平房是他工作和存放文件的地方，里面还有个小型电动装置，他很喜欢摆弄那玩意儿。熟悉他的布勒就说过，彩灯亮起的时候，通常是在警告别人他不想被打扰。”

“相当于危险警示信号。”另一位提醒说。

“天哪！恐怕还真是危险警示信号！”话音未落，他拔腿就跑。

昂德希尔很快也看到了让巴格肖举动异常的情景。那个池塘如同一轮皎月静卧在花园，周边倾斜的水岸泛着一圈乳白色光晕，但它并不完整，有一处出现了两条黑影。他们很快就看清了，有人头冲下栽在池塘里，两条黑色的长腿胡乱搭在岸边。

“快，”侦探大叫一声，“我看着像是——”

---

① 阿拉丁是《一千零一夜》故事里的人物，他按照魔法师的指点去拿神灯，中途在花园里看到果树上结满了宝石。

很快就听不到他的声音了，只见他迅速跑过微弱灯光映射下的宽阔草坪，穿过大花园，直奔躺着一个人的池塘边。昂德希尔不慌不忙地小跑着跟上，但眼前突然出现的情景让他一下子愣住了。巴格肖原本像离弦的箭一般射向泛光的池塘边躺着的那个黑影，但中途突然来了个急转弯，朝着房子的阴影加速跑去。昂德希尔不明白他为什么突然改变了方向。就在侦探消失在阴影中之后不久，那里传来扭打和咒骂声。巴格肖返回的时候拽着一个奋力挣扎的红发矮个男子。很显然，那个人刚才借着房子的阴影正从这里逃离，但他在草丛中弄出的动静没能逃过侦探的顺风耳。

“昂德希尔，”侦探说，“希望你快去池塘那边看看是怎么回事。现在告诉我，你是什么人？”他停住脚步问道，“你叫什么？”

“迈克尔·弗勒德。”陌生人脆生生地答道。此人看上去异常瘦小，巨大的鹰钩鼻子跟他的脸庞很不相称。他的脸像羊皮纸一样苍白，衬托着姜黄色的头发。“我跟这事无关，发现他躺在那里死了，我很害怕，但我只是被一家报社派来采访他的。”

“报社让你采访名人的时候，”巴格肖说，“你通常都是翻墙进去的吗？”

说着话，他脸色阴沉地指向小径上通向花坛的那一串脚印。

自称弗勒德的这个人同样阴沉着脸。

“采访者当然不能排除翻墙的方式，”他说，“因为无论我在前门怎么敲门都没人听得见，仆人出去了。”

“你怎么知道他出去了？”侦探怀疑地问。

“因为，”弗勒德异常冷静地说，“我并不是唯一翻过花园墙进来的人。看来你自己就有可能是翻墙进来的。不过，总之，那个仆人是这么做的，因为我刚看到他从花园另一侧的墙外翻了进来，就在花园门边上。”

“那他为什么不走花园门呢？”侦探接着盘问道。

“我怎么知道？”弗勒德回敬道，“因为门是锁着的，我想。但你最好去问他，而不是我，他正朝房子这边走过来。”

的确，在火光点缀的夜幕中，另有一个黑影渐渐走近，此人五短身材，方头方脸，一身破旧的制服，只有那件红马甲看着还像点儿样。他似乎有意要避人耳目，正匆匆赶往这座宅子的边门。巴格肖冲着他喊了一嗓子，让他站住。他很不情愿地朝他们这边挪动，显出一张阴沉的黄面孔，依稀有些许亚洲人的模样，跟他一头平直的蓝黑色头发倒很搭配。

巴格肖突然转向那个名叫弗勒德的男人，说道：“这宅子里有谁能证实你的身份吗？”

“就算是这个国家，也没几个人能证实，”弗勒德愤愤不平地说，“我刚从爱尔兰来到此地，这里我唯一认识的人就是圣道明教堂的牧师——布朗神父。”

“你们两个都不能离开。”巴格肖说，接着又对那个仆人说：“你倒是可以进屋去给圣道明教堂的布朗神父打个电话，看他是否愿意立刻来这里一趟。记住，别耍花招。”

就在精力充沛的侦探忙于稳住这两个嫌疑人的同时，他的朋友奉命匆忙赶到了悲剧发生的现场。那场景可真够怪异的，说实话，如果不是悲剧的话，那场面倒可以称得上是非常奇妙的景观。死者（只是简单的检查便知他确实死了）一头扎在水里，周边的灯光反射在他脑袋上，像是打上了一圈不圣洁的光环。憔悴的面孔显得有些狰狞，眉毛秃了，稀疏的深灰卷发看着就像挂在头顶的小铁环。虽然子弹打中太阳穴后破坏了一部分形象，但昂德希尔见过不少次这人的肖像，根据面部特征很容易就辨认出此人就是汉弗莱·格温爵士。死者身着晚礼服，两条像蜘蛛一样纤细的黑色长腿横七竖八地倒在他落水的陡坡上。在浸入水中的头部附近，仿佛恶魔般的蔓藤花纹在玩弄某种诡异的恶作剧，只见鲜血仍在汩汩涌出，一圈圈缓缓旋转着洇入明亮的水中，形如透明的深红色晚霞。

昂德希尔站在那里盯着这具骇人的躯体。也不知过了多久，当他再抬起头时，看到岸边出现了四个身影。他能轻易分辨出巴格肖以及被他抓住的爱尔兰人，从那件红马甲也不难猜出那个仆人的身份，但第四个人却非同一般，神态相当庄重，但外表又显得有些怪诞，凌乱中透着几分怪异的一致性。此人身体矮胖，长着张圆脸，戴的帽子就像黑色光晕。他意识到，这其实是位神父，但那模样让他不由得会联想起“骷髅之舞”[①]的最后一幕中某种古怪的黑色老木刻。

然后他听到巴格肖对神父说：“我很高兴你能认出这个人，但你必须明白，他在一定程度上有嫌疑。当然，他可能是清白的，但他确是以一种非同寻常的方式进入花园的。”

“哦，我倒是觉着他是清白的，”矮个子神父淡淡地说，“不过，我当然有可能想错了。”

---

① 骷髅之舞：中世纪广泛流行的传说：在每年的万圣节（11月1日）午夜，死神现身并演奏小提琴，从坟墓中召唤亡灵为它舞蹈。这场骷髅之舞一直持续到破晓，已亡者才会再度回到坟墓中。

“你为什么觉着他是清白的？”

“因为他是以非同寻常的方式进入花园的，”神父答道，“你看，我是按照正常的方式走进花园的。但我好像是唯一一个这样做的人。如今天底下的好人似乎都是翻墙进花园。”

“你说的正常方式是什么意思？”侦探问道。

“哦，”布朗神父一本正经地看着他说，“我是从前门进来的。我通常都是那样进入房中的。”

“请原谅，”巴格肖说，“除非你要供认自己杀了人，怎么进来的很要紧吗？”

“是的，我想很要紧，”神父和蔼地说，“说实话，我从前门进来的时候看到一些东西，我相信你们都没有注意到。我感觉它跟这事脱不了干系。”

“你看到了什么？”

“我看到那里一片狼藉，”布朗神父语气温和地说，“一块大穿衣镜破碎了，有棵小棕榈树被碰倒在地上，花盆碎片到处都是。不管怎样，反正我是觉得出了什么事。”

“你说得对，”巴格肖停顿片刻说，“如果你看到的是那样，那里的情况当然跟这事有关联。”

“如果那跟这事有关联的话，”神父非常温和地说，“恐怕有一个人跟它没有任何关系，那就是迈克尔·弗勒德先生。他以不同寻常的方式翻墙进了花园，然后又试图以同样不寻常的方式离开花园。正是因为他的不同寻常，我才认定他是清白的。”

“咱们还是都进屋吧。”巴格肖突然说。

于是，那个仆人头前带路，其他人跟着从边门进了屋。巴格肖则退后一两步对他的朋友说话。

“那个仆人有些诡异，”他说，“自称叫格林，可我看着不像。[①] 不过，他好像确实是格温的仆人，显然是唯一常驻的仆人。但奇怪的是，他断然否定他的主人在花园里，不管是死还是活。还说老法官去参加一场盛大的法律界人士的晚宴了，要过几个小时才能回家，那就是他溜出去的借口。”

“他有没有解释，”昂德希尔问，“他为什么要用那种奇怪的方式溜进来呢？”

“没有，这一点我也想不通，”侦探答道，“我真看不透这个人。他似乎怕什么事。”

从旁门步入，他们发现自己来到了门厅的里端，直通另一端的正门，正门上方的扇形窗枯燥乏味，刻着过时的图案。在一片漆黑中，他们逐渐发觉厅内散射着微弱的灰白光线，就好像是昏沉而暗淡的黎明到来一样，不过光源却是一盏灯，它立在门厅角落一个托架上，整个灯和灯罩也都是老旧的样式。借着灯光，巴格肖能够分辨出布朗神父曾提及的打斗现场。一棵长叶、高大的盆栽棕榈树横躺在地上。深红色花盆也被打碎了，陶瓷碎片和白花花泛着微光的碎镜片散落在地毯上。走廊尽头后面的墙上则悬

---

① 格林的英文是“Green”，也有“绿色的”“新鲜的”“青春的”等含义。此处为调侃。

挂着几乎空了的镜框。与这个入口直角相交、正对着他们进来的旁门处，有个类似的走廊直通房子的内部。走廊尽头放着一部电话，那个仆人就是用它打给了神父。那边有扇半掩的门，透过门缝可以看到里面密密实实地摆着成排皮革封面的大部头著作，这里便是法官书房的入口处。

巴格肖站在那里，低头凝视着脚边散落的花盆碎片。

“你说得很对，”他冲着神父说，“这里发生过打斗。一定是格温与凶手搏斗过。”

“依我看，”布朗神父谦逊地说，“这里发生过什么事。”

“这还用说吗？发生了什么显而易见。”警探随声附和，“凶犯从正门进来并找到了格温，很可能是格温放他进屋的。两人曾经拼死搏斗，也许就在混战中有人开了枪，恰好打在镜子上，就算不是这样，他们在搏斗时也可能踢破了镜子。格温拼命挣脱后，逃进了花园，最终被随后追过来的凶犯在水池边开枪打死。我想这就是整个犯罪的经过，不过，当然我还要去其他房间查看一下。”

然而，其他房间没有提供多少有用的线索，尽管巴格肖意味深长地指着那把在书房桌子抽屉里发现的上了膛的自动手枪，让大家留意看。

“好像他对此已经有所防范了，”他说，“不过，奇怪的是，他去大厅时却没有带上这把枪。”

最后他们回到大厅，向前门走去。布朗神父有些漫不经心地四下里打量着。这两条走廊的墙面装饰一样，都贴着图案单调、暗淡的灰色墙纸，似乎更加突显出几件早期维多利亚时代装饰品掩在灰尘和浑浊之下的鲜丽。但见那盏青铜灯蒙上了斑斑绿锈，镜子碎了的镀金镜框虽有些许褪色，仍旧亮光闪闪。

“人们都说打碎镜子不吉利，”他说，“这里看上去就是不祥之屋啊！家具本身也些不太对劲——”

“这太奇怪了！”巴格肖冷不丁说道，“我以为前门是关着的，可它明摆着没上门闩啊！”

众人默然不语，相继出了前门，进了前院的花园。此处花坛呈现出更窄的条状，但布局更规整，其中一端的花草被剪成奇特的树篱，中间留了一个口，像是个绿色的山洞，可隐约看到洞下露出一些破损的台阶。

布朗神父信步走过去，低头进了洞。在他消失了一小会儿之后，众人吃惊地听到他平静地在他们头顶上方跟人说着话，似乎他在跟树顶的什么人聊天。侦探跟着进了那个洞，发现这个遮蔽着的阶梯通道尽头看着像是断桥，从那里可以俯瞰昏暗中更显空旷的花园。它正好绕过了房子的一角，远处彩灯闪烁的草地尽收眼底。这段断桥很可能是某种废弃的建筑花式，原本是要搭建一个横跨草坪的拱形阶地。巴格肖想不到有人居然在凌晨时分来到这么个别无去路的地方，不过他当时无暇察看此处的详细情况，只是定睛看着出现在这里的那个人。

因为那人背转身站着——一个身穿浅灰色衣服的小个男子——最显眼的是他那一头漂亮的金黄色头发，荧光闪闪，仿佛是一团硕大的蒲公英。它简直就像一圈光彩夺目的光晕，正因为如此，当此人缓缓转过头，与其他人怒目而对的时候，那张脸令人大跌眼镜。想象中，那圈光晕烘托着的应该是一张如天使般和善的椭圆形的面庞，但出人意料的是，赫然出现在人们面前的竟是这样一副乖戾、苍老的面孔，颧骨突起，外加一个好像拳击手被人打扁了的塌鼻子。

“这是奥姆先生，那个著名诗人，我想。”布朗神父就像在客厅里介绍两个人认识那样平静地说。

“不管他是谁，”巴格肖说，“我都要麻烦他跟我走，并且要回答几个问题。”

遇到回答问题这种情况，诗人奥斯里克·奥姆先生实在有些笨嘴拙舌。此时，晨曦初现，灰白色的光线开始漫过密实的树篱和断桥。在这个古老的花园一角，例行公事的问讯渐渐展开，随着发问者步步紧逼，直击要害，奥姆先生开始抗拒回答对他不利的问题，一味地强调他只是来拜访汉弗莱·格温爵士，但一直没见到他，因为按了门铃后没有任何人来开门。当巴格肖提醒他，门其实是开着的，他不屑地哼了一声。当巴格肖暗示他来访的时间不免太晚，他便大吼大叫。他说的不多，还晦涩难懂，要么因为他真的不太懂英语，要么因为他心知肚明，要装出无知的样子。他的观点似乎具有虚无主义和破坏性的倾向。的确，他的诗歌中明显流露着这种情绪，当然首先你得能读懂。另外，他跟法官之间发生的事，以及他与法官的争吵恐怕就与情绪失控有关，因此才产生了如此严重的后果。众所周知，格温痛恨布尔什维克间谍，到了近乎偏执的地步，就跟当年痛恨德国间谍那样。不管怎样，就在巴格肖抓到奥姆不久之后，一件纯属偶然的事进一步强化了巴格肖的认识——此案不可小视。当他们离开花园门来到街上的时候，正好碰到另一位邻居——隔壁的雪茄商布勒，他那棕色狡黠的面孔和扣眼上别着的独特兰花十分显眼，因为他在兰花园艺方面也是个响当当的人物。令众人感到诧异的是，他跟他的邻居，也就是那个诗人打招呼的时候，表现得理所当然，似乎见到他是意料中的事。

“嗨，我们又见面了。”他打着招呼，“看样子你跟老格温聊的时间还挺长，对吧？”

“汉弗莱·格温爵士死了，”巴格肖说，“我正在查这个案子，需要你的解释。”

布勒或许是惊呆了，就像根灯柱一样僵立在原地。他抽着的雪茄头上的红光一明一暗有规律地闪动，但他棕色的脸却遮在暗影中。等他再开口说话时，声调都变了。

“我只是想说，”他说，“两个小时前我路过的时候，正好看见奥姆先生从这扇大门进去见汉弗莱爵士。”

“他说他还没有见到汉弗莱爵士，”巴格肖说，“或者说连屋都没进。”

“他在门口站的时间够长的啊。”布勒感叹道。

“没错，”布朗神父说，“站在街上的时间相当长。”

“那以后，”雪茄商说，“我一直在家写信，然后出门去寄信。”

“你以后再说这些吧！”巴格肖说，“晚安——或者说，早安。”

接下来几周时间，各家报刊连篇累牍报道奥斯里克·奥姆被控杀害汉弗莱·格温爵士一案的庭审情况，诸多报道的兴奋点其实只有一个，就是在青灰色晨曦开始洒向大街小巷和各家花园时，那几个人在灯杆下小议的谜题。一切都回归到众人无法破解的一个谜：从布勒看到奥姆进了花园门，直到布朗神父发现奥姆仍然在花园里徘徊，在这段长达两个小时的时间里究竟发生了什么事。他完全有时间作六次案，理由恐怕也很简单：他感到无聊至极，就想找些事干。因为关于那段时间他到底做了什么，他实在是无法自圆其说。公诉方认为他同样有作案时机，因为前门是虚掩着的，而通向大花园的旁门则被人打开后也没关上。法庭上的人们津津有味地聆听巴格肖的场景再现，他很清晰地描述了走廊中的事发现场，各种迹象均明确无误地指向那里曾发生过搏斗，不仅如此，警方后来还发现了打碎了镜子的子弹。他最后还提到，他亲自探查过树篱中的洞口，发现那很像个藏身之处。但在另一方，马修·布莱克爵士，这个能力超强的辩护律师，则将最后那个看法转换了角度为己所用：他的疑问是，一个人怎么会将自己陷于无路可逃的境地？显而易见的是，溜出花园到外面的街上更符合人之常情。马修·布莱克爵士同样充分利用了依旧笼罩在杀人动机之上的谜团。的确，从这一点来看，在马修·布莱克爵士与同样出色的控方律师阿瑟·特拉弗斯爵士之间唇枪舌剑、旗鼓相当的交锋之后，被告反而处于更有利的地位了。阿瑟爵士情急之下便抛出布尔什维克阴谋之类的说法，但理由过于牵强，无法令人信服。不过，一旦涉及详查奥姆当晚神秘举动的相关事实时，阿瑟爵士表现相当不错，效果极佳。

被告经不住他的律师劝说，终于走上了证人席。他的律师老谋深算，告诫说如果他不这样做就会给人不好的印象。但他不仅与他自己的辩护律师之间存在沟通障碍，在跟控方律师交流时也是执意保持着沉默。阿瑟·特拉弗斯爵士因此替自己捞到了尽可能多的资本，但对如何让他开口说话方面则无计可施。阿瑟爵士是一个身材修长、形容枯槁、面色惨白的长脸男子，这与马修·布莱克爵士形成鲜明对照，他身体健壮，长着一双炯炯有神的圆眼睛。不过，如果马修爵士让人想起一只极度自负的麻雀的话，阿瑟爵士则更像是一只苍鹭或者白鹳，他探身向前逼问诗人时，那个长鼻子简直就像是长长的鸟喙。

“难道你想要告诉陪审团，”他用一种刺耳、充满疑问的语气问道，“你根本就没进去见那个已故的老法官？”

“对！”奥姆的回答很干脆。

“你想要见他，我想。你一定是急着去见他。你不是在他家门口等了足足两个小时吗？”

“对。”另一位答道。

“然而你一直都没注意到那门是开着的？”

“是。”奥姆说。

“你居然在别人家花园里待了两个小时，究竟在干什么呢？”出庭律师穷追不舍，“你在做某件事情，我猜？”

“对。”

“是个秘密吗？”阿瑟爵士冷嘲热讽地问道。

“对你来说是个秘密。”诗人答道。

“秘密”一词的出现，让阿瑟爵士如获至宝，他不失时机地以它为主线大加发挥，展开他对诗人的指控。另外，他还采取了一项大胆举动，围绕迷雾重重的动机大做文章，将它转化为己方论据，而这原本是辩方最有力的论点，因此有人会觉得他的做法近乎寡廉鲜耻了。他不止一次暗示这里面暗藏着某种阴谋，一个爱国者陷入阴谋者精心布下的迷局，犹如落入八爪鱼致命的缠绕中并因此丧命。

“是的，”他慷慨激昂，大声宣告，“我博学的朋友说的太对了！我们并不知道这位受人尊敬的公务员到底为什么被人谋杀。我们永远无法得知下一位公务员为何被人谋杀。假如我博学的朋友自己受困于声名显赫，并且成为仇恨的受害者，也就是邪恶势力对法律监护人所怀有的必欲处之而后快的刻骨仇恨，他就会被杀害，而且永远都不知道他为什么被杀。法庭中的正派人会有一半居家无端被杀，而我们却不能找到他们被杀的理由。只要辩方一直能够打着‘动机’的旗号，以这种陈腔滥调为借口百般阻挠我们的正常诉讼工作，我们便永远找不到原因，永远不能制止肆无忌惮的屠戮，直到我们的国民所剩无几，因为与此同时，此案中所有其他事实、每一处无法自圆其说的漏洞以及每一次哑口无言的沉默，无一不在告诉我们，站在我们面前的便是该隐[①]。”

“我从未见过阿瑟爵士如此激动，”巴格肖后来对他那群同伴说，“人们议论纷纷，说他越了界，凶杀案的公诉人不该有这么重的报复心。可我不得不说，我觉得那个小妖怪确实有些邪性，再加上他那一头黄毛，就更让人心里发毛了。我一直模模糊糊地记得，德·昆西[②]曾经评价过那个十恶不赦的威廉姆斯[③]，那个杀人犯一声不吭地把两家人都杀光了。他好像说威廉姆斯长着一头黄发，黄得非常扎眼，很不自然，还说他觉得那是用从印度学来的一种诀窍染的，印度人用那种方法把马染成绿色或者蓝

---

① 该隐：《圣经》中人物，他是亚当和夏娃的长子，杀害了他弟弟亚伯。此处代指杀人犯。

② 托马斯·德·昆西（1785—1859年），英国浪漫主义文学时期著名散文家和文学批评家。代表作《一个英国鸦片服用者的自白》，以他的亲身体验和想象，描写了主人公的心理和潜意识活动。

③ 约翰·威廉姆斯：19世纪初出现在英国的一名杀人犯。德·昆西在《论〈麦克白〉剧中的敲门声》等有关谋杀的杂文中曾提到他。

色。另外，他的表现也很怪异，像个木头人一样沉默寡言。说实话，我总感觉他这人不对劲儿，甚至发展到分明看到被告席上有头怪兽。如果说阿瑟爵士拥有无与伦比的口才的话，那么他也一定有很强的责任心，因此才投入了这么多的激情。”

“事实上，他是可怜的格温的一个朋友，”昂德希尔轻声说，“我认识的一个人说，在最近一次法律界人士重大晚宴之后，他曾看到过他俩在一起，好像很亲密的样子。我敢说，这是他在本案中反应如此强烈的原因。我想，将个人感情因素掺杂在这类案件中的做法未必妥当。”

“他不会的，”巴格肖说，“我可以担保阿瑟·特拉弗斯爵士不会仅仅出于个人感情行事，无论他有多强烈的感受。他很清楚自己是干什么的，凡事都严格要求自己。他属于那种雄心勃勃、无论取得多么大的成就也不感到满足的人。我在这世界上还没见过第二个像他那样恪尽职守的人。不，你错误地理解了他振聋发聩的长篇大论中蕴含的寓意。如果他真的感情用事的话，那也是因为他认为无论如何自己完全有把握定罪，并且想要在反对他所提到的阴谋的某种政治运动中当仁不让，勇立潮头。他一定有十分充分的理由要定奥姆的罪，同时也有某种十足的理由相信自己能办到。这意味着所有的证据都对他有利。他这么有信心，这对被告来说不是什么好事。”说到这儿，他发现这群人里出现了一个不起眼的人。

“噢，布朗神父，”他微笑着说，“你对我们的司法程序有什么看法？”

“哦，”神父心不在焉地回答，“最让我感到不可思议的是，一个人戴上假发套后变化竟会这么大。你一直在说那个起诉律师如何崇高伟大。

可我碰巧曾看到他把假发套摘掉了一会，那样子就像换了一个人。比如说，他是个秃子。”

“恐怕这并不能改变他崇高的事实吧。”巴格肖回敬道，“你不会是要提议以起诉律师是个秃子来替被告辩护吧？”

“不完全是，”布朗神父和善地说，“实话告诉你吧，我在想某一类人对其他类别的人了解的真是少啊！假定我去一个很偏远的地方，那里的人根本就没听说过英国，假定我对他们说，我们国家有这样一个人，他要先戴上挺直的假发套，是用马鬃毛制成的，后面拖着几条小尾巴，侧面是些灰色的螺丝卷，模样就像早期维多利亚时代的老妇人，然后他才会谈论生与死的问题，他们会觉得他一定是得了神经病。可他其实根本没得神经病，不过是遵循传统罢了。他们有这种想法的原因是他们对英国的出庭律师一无所知，他们不知道出庭律师是怎么回事。好吧，那个出庭律师自然也不了解诗人是怎么回事。他不能理解的是，一个诗人的怪诞在其他诗人眼里并非怪诞。他认为奥姆在一个漂亮的花园里无所事事地晃悠两个小时，简直不可思议。苍天可鉴！一个诗人完全可以在同一个院子里连着转悠八九个小时，这根本不算什么，因为他在酝酿一首诗。奥姆的辩护律师也一样愚蠢。他从来没想过要问问奥姆这个显而易见的问题。”

“你指的是什么问题？”另一位不解地问。

“唉，当然是问他在作什么诗啦！”布朗神父很不耐烦地回答，“比如说，他突然想出来了哪句，他绞尽脑汁要找什么词，他要如何点出诗眼之类的。如果法庭上坐着任何一个有教养的人，知道什么叫作文学，这个人就会很清楚他当时到底是否在做正事。你会向一个制造商打听他厂里的生产状况，但似乎没人在意什么是吟诗的状况。在吟诗的过程中，诗人的外在表现就是无所事事。”

“你说的都很有道理，”侦探答道，“但他为什么要藏起来？他为什么要爬上那个歪歪扭扭的小阶梯，然后站在那里？那可是条死路啊！”

“为什么？当然就是因为那是条死路啦！”布朗神父忍不住大喊大叫，“有机会看到那条悬在半空中的绝路的任何人都可能会想到，那里肯定是一个艺术家要去的地方，就像一个爱玩的小孩子那样。”

他站在那里眨巴一会儿眼睛，然后抱歉地说：“请原谅。不过，我真没想到，他们居然都不了解这些情况。对了，还有一件事。你是否知道，对于一位艺术家来说，任何东西都会有它最佳的一面或者角度？一棵树、一头奶牛、一片云彩，仅在某种特定的组合中，才会有一定的意义，正如三个字母都拼对了才能组成一个词。这么说吧，只有站在那个断桥上，才能获得最佳角度，更好地观赏点亮彩灯的花园。它是怀古伤今独一无二的场合。它是一种童话般的场景，凝缩着古今多少事，尽在眼前。站在那里，就如同俯瞰天国，树上结满繁星，而明亮的池塘犹如一轮皓月静静地卧在地上，就像幼儿园的孩子们听到的开心故事里描述的那样。他可以站在那里永远凝视着这幅画面。假如你告诉他，那条路走不通，他会告诉你，恰恰是这条路将他带到了远在天边的美妙国度。但你能指望他在证人席上说这些吗？如果他真这么说了，你会怎样回复？你们谈论的是，在一个人受审时，陪审团成员与他是同路人。为什么一个诗人受审时，他的陪审团不能由诗人组成呢？”

“听你的口气，好像你本人就是个诗人似的。”巴格肖说。

"谢天谢地我不是，"布朗神父说，"你该感到庆幸的是，教士比诗人心地更善良。愿天主怜悯我们，要是你知道天主对你们这帮人怀着多么刻骨、冷酷的蔑视，你一定会觉得自己掉进了冰窟窿，感到彻骨的冰凉。"

"你可能比我更了解艺术气质，"巴格肖稍停片刻之后说，"但是，这个问题的答案毕竟很简单。你只需证明他不论干了什么，但并没犯罪就行了。不过，话说回来，他同样有可能犯了罪。不然的话，又是谁干的呢？"

"你想过那个仆人格林吗？"布朗神父若有所思地问道，"他的说法听着相当诡异。"

"啊哈！"巴格肖脱口大叫，"你认为是格林干的，原来如此。"

"我相当确信不是他干的，"布朗神父应道，"我不过是问你是否琢磨过他讲述的诡异情况。他出门不是要办什么大事，可能就是想去小喝几口或跟什么人有个约会之类的。但他却是从花园门出去，翻花园墙进来。换句话说，他出去时没锁门，回来却发现门被锁上了。为什么？因为有另外一个人出门时把门锁上了。"

"那个杀人犯，"侦探满腹狐疑地嘟囔着，"你知道他是谁吗？"

"我知道他的长相，"布朗神父不动声色地回答，"那是我唯一能确定的。我眼前几乎能显示出他走进前门时的样子，门厅灯光照着他，他的身形、衣着、甚至他的脸！"

"这都是怎么回事啊？"

"他看着很像汉弗莱·格温爵士。"教士说。

“你究竟是什么意思？”巴格肖质问道，“格温躺在池塘边上，已经死了。”

“哦，没错。”布朗神父说。

过了一会儿，他接着说：“咱们还是回到你说过的那个理论，虽然我并不完全赞同，但还挺有道理。你提到凶手从前门进了法官家，正好在前厅与法官狭路相逢，两人开始搏斗，并打碎了镜子。法官随后逃入花园，终究没能躲过被枪杀的厄运。不知怎的，这种说法总是让我感觉有违常理。假定他真是从大厅逃离，那么他在跑到头时面对着两个出口，一个进入花园，另一个通向屋内。显而易见，他跑进屋的可能性更大，对吧？他的枪在屋里，电话也在屋里，至少当时他以为，他的仆人也在屋里。即使是挨着最近的邻居也处在那个方向。他为什么要停下来，打开通向花园的那扇门，反而去了这座房子的另一侧？那边可是什么都没有啊！”

“但是我们知道他的确跑到了房子外面，”他的同伴不无疑惑地辩白说，“我们知道他出了屋，因为他是在花园里被发现的。”

“他根本就没从屋里跑出来，因为他压根儿就不在屋里。”布朗神父说，“我是说，那天晚上没在屋里。他当时坐在那个小平房里。最初的时候，我在夜里看到花园中那些红红黄黄的彩灯，就看出了其中的讲究。那些灯的开关安置在小平房里，如果他没在小平房，那些彩灯也不会亮。他本来是想跑进屋，去打电话，就在他跑到池塘边时，凶手开枪打死了他。”

“可那个花盆、棕榈树和碎了的镜子又是怎么回事？”巴格肖喊叫着，“哎，那可是你最先发现的！你还亲口说门厅里一定发生过打斗。”

教士不无痛苦地眨着眼睛。“是吗？”他咕哝着说，“当然，我的确那么说过。我从未那么想过。我觉得我想说的是，大厅里发生了一些事，而且确实发生了，但却不是打斗。”

“那么是什么打破了镜子？”巴格肖紧接着问道。

“一颗子弹击碎了镜子，”布朗神父神色凝重地答道，“由罪犯射出的一颗子弹。掉落的大块玻璃碎片足以撞倒花盆和棕榈树。”

“喔，除了朝格温射击，还有什么东西是射击目标吗？”警探问道。

“这个问题本身就很玄奥，”神父几乎是梦呓般地说，“当然，从某种意义上看，他的确是瞄着格温开的枪。但他射中的并不是格温，因为那里没有格温。大厅里只有罪犯一个人。”

他沉默了一会儿，然后又平静地接着说：“想象一下走廊尽头的那面镜子，它还完整地挂在那里，棕榈树高悬在它上面。在半明半暗之中，镜子里反射的是这些单调的墙面，让人误以为那里就是走廊的尽头。反射在镜中的人影会让人觉得有人从屋里走了出来，而那个身影又特别像是房主人——即便只是大致上看着有点儿像他。”

“稍等一下，”巴格肖叫道，“我想我开始——”

“你开始明白，”布朗神父说，“你开始明白为什么本案涉及的嫌疑人都是无辜的。他们中的任何一位都不会将自己在镜中的影像误认为是老格温。奥姆立刻就能看出来自己的那头黄发，不可能看成秃头。弗勒德也能看出他自己那头红发，而格林更是能认出自己穿着的红马甲。另外，他们几个身材矮小，衣着邋遢，谁都不会把自己的影像看成一个身材高大、消瘦、身穿晚礼服的老绅士。我们需要找的是个身材跟他差不多一样瘦长的人。这就是为什么我会说，我知道凶手的长相。”

“那么你会怎么辩护呢？”巴格肖凝神盯着他问。

神父突然发出一种尖锐清脆的笑声，这跟他平常的轻声细语可大不一样。

“我要辨明的，”他说，“恰恰是你所说的十分滑稽荒唐的东西。”

“你是什么意思？”

“我为被告提供的辩护，”布朗神父说，“会基于这样一个事实，公诉律师是个秃子。”

“噢，天哪！”侦探不由得惊叹一声，站起身，目瞪口呆。

布朗神父又从容不迫地开始了他的独白。

“在这件案子上，你们调查了许多人的来龙去脉，你们警方煞费苦心地要弄清那个诗人、仆人和爱尔兰人都干了什么。但你们似乎忘了查清死者本人曾经的动向。他的仆人发现主人提前回了家大感诧异。他知道，主人出门是去参加法律界头头脑脑们举行的盛大晚宴，却突然中途退场，提前打道回府。他并不是感到身体不适，因为他没有求助。几乎可以肯定的是，他跟某位法律界的领导人吵过一架。如果要找出他的敌人，就要从法律界的领导人入手。他回家后，将自己关在小平房里，那里保存着他搜集的所有有关卖国行为的私人文件。但那个法律界领导人知道，那些文件中有针对自己的材料，因此就跟踪而至，来到指控他的法官家。他来的时候还穿着晚礼服，但在衣服口袋里装着一把枪。情况大致如此，没人猜得出他会带着枪来这里，直到他开枪打碎了那面镜子。”

他眼神迷离，愣了一会儿，然后补充说：“镜子是件诡异的东西，镜框里曾映出过几百个不同的影像，全都那么栩栩如生，全都永远消失了。然而，那个镜子挂在灰色的走廊尽头，处在棕榈树的绿荫之下，它的确有非同一般的古怪之处。它仿佛是一面魔镜，与其同类有着迥然不同的命运，而它曾映射出的影像却又不知何故具有离开它仍能存留的能力，如同漂浮在微光散射的房子里的幽灵，或者至少像是个抽象的图案，描绘出一段故事的梗概。至少我们能从那个虚幻的图景中看到阿瑟·特拉弗斯亲眼所见。另外，顺便提一下，有一点你是说对了。”

“很高兴听到你那么说。”巴格肖严肃但不无善意地回应，“是什么？”

“你说过，”神父指出，“阿瑟爵士一定有什么理由，必要将奥姆置于死地。”

一周后神父又碰到了警探，并得知警方破案思路早已改变，但后来发生了耸人听闻的一件事，让他们的调查工作戛然而止。

“阿瑟·特拉弗斯爵士……”布朗神父先开了口。

“阿瑟·特拉弗斯爵士死了。”巴格肖的回应十分简单。

“啊！”另一位说，声音中流露着一丝哽塞，“你的意思是他——”

“对。”巴格肖说，“他冲着同一个人开了枪，但这次打中的不是镜子。”

有两副胡须的人

这个故事，是布朗神父讲给著名的犯罪学家科雷克教授听的。那天在一家俱乐部里吃过晚餐后，人们觉得他们都有研究谋杀和盗窃案件这一有益无害的嗜好，便介绍他俩认识。但是，因为布朗神父讲这个故事时，对自己在其中起的作用大打折扣，因此，以下重述的故事应该是更客观的版本。当时两人唇枪舌剑，你来我往地争辩，不经意间提起了这件事。在整个过程中，教授非常注重科学分析，而神父则处处存疑。

“我亲爱的先生，”教授抗议道，“难道你不相信犯罪学是门科学吗？”

“我不太肯定，”布朗神父答道，“你相信圣人传记文学是门科学吗？”

“那是什么？”那位专家厉声追问。

“不，那不是关于女巫的学说，跟烧死女巫没有任何关联。”神父面露微笑说道，“它是研究圣物、圣人一类的学问。要知道，在‘黑暗时代’有人试图创立一种关于好人的科学体系。但我们这个人道的、启蒙的时代却只对关于坏人的科学感兴趣。然而，我觉得按照一般经验来看，世上可能存在的任何一类人都拥有圣人的潜质。同时，我猜想你也会发现，世上可能存在的任何一类人都可能是个杀人犯。”

“是这样，我们相信，所有的杀人犯都能清楚地分门别类，”科雷克解释说，“要是逐个列出来会让人感到很长很乏味，但我想它十分全面。首先，所有杀人行为可以归纳为两大类，理性的和非理性的。我们先来说说非理性的，因为这一类相对少见。有一种行为被称为杀人癖，或者概括地说，是迷恋毫无理由的杀人害命。还有一种被称为非理性憎恶，不过它很少导致杀人行为。接下来我们来谈谈真正的动机：其中有一些不够理性，也就是仅仅为情所困或对往事耿耿于怀。纯粹报复的行为其实就是因绝望而进行报复的行为。因此，恋人有时会杀死他无法替代的情敌，或者，反叛分子在被武力征服之后会暗杀一位暴君。但是，在很多情况下，即便在这种行为中，也能找出理性的原因。这些都属于有目的的谋杀。它们在第二大类中占大多数，我们或许可以称之为‘谨慎犯罪’。这类犯罪又可以进一步细分为两种。一个人杀人，要么是企图夺人财物，无论那财物是非法所得还是合法继承的；要么就是意图阻止另一个人的某种行为：比如杀掉敲诈勒索者或者政敌这种案件；再比如除掉某种消极的绊脚石，向碍手碍脚的丈夫或者妻子下毒手之类的案件。我们相信，这样分类是深思熟虑的结果，并且覆盖全面，如果运用恰当的话——不过我恐怕这听上去甚是枯燥，希望没有让你厌烦。”

“哪里哪里。”布朗神父说道，“如果你看我有些心不在焉，我很抱歉。事实上，我想起了以前认识的一个人。他犯了命案，但我看不出在你的杀人犯展览馆里该把他放在什么位置。他并没发疯，也不喜欢杀人。他并不憎恶他杀的那个人，他甚至都不认识被害者，自然也没什么仇好报。对方手上没有任何他想要的东西，也没有做出任何会让他想要杀人灭口的行为。被害人不可能做出任何会伤害、妨碍甚至影响凶手的事来。这个案子没有牵扯到女人，也不存在政治争端。这个人杀害了他的一个同类，而他与被害人素昧平生，只是因为一个奇特的怪念头就杀了他。这可能在人类历史上也是绝无仅有的。”

就这样，布朗神父以他特有的方式，像拉家常那样娓娓道来。这个故事，不妨从一个足够体面的情景开场，具体地说，就是郊区居民班克斯家的餐桌，一家人正围坐在那里吃早餐。这家人受人尊敬、生活富足，通常会在这个时候谈论报纸上的各种消息，但这次议论的却是身边的一件奇事。人们有时会指责这些人只会躲在背后说邻居的坏话，不过，这样说真是冤枉了他们。淳朴的村民们会传些街坊四邻的闲话，不管是真是假。但这些居住在现代城郊的人们，在一种奇特文化的熏陶下，会相信报纸上说的任何事，诸如教宗如何邪恶，或是食人岛国王的殉难，等等。他们对此类话题兴致勃勃，但对邻居家发生的事情却不闻不问。然而，这一次，这两种兴趣却因为偶然发生的爆炸性事件交汇在了一起。他们所在的市郊名称居然出现在自己最爱读的报纸上，这似乎成了证明他们存在的全新证据，就好像他们之前一直都没有意识或者隐不可见，如今终于可以像食人岛国王那样真实了。

报纸上说，一位名噪一时、因犯下诸多盗窃案被判长期徒刑的江洋大盗，最近已刑满获释，此人自称“月光迈克尔”，当然，他以前还用过众多化名。但这条报道对他的具体去向却讳莫如深，只是提到人们相信他已在本地郊区落脚，为方便起见，我们姑且称之为奇山姆。报道中同时还列举了一些足见他胆大包天、盗窃得手后又巧妙脱逃的著名案件。因为面向那一类受众的那一类报纸的特点，就是假定它的读者都很健忘。如果说庄稼汉对罗布·罗伊①和罗宾汉这些几百年前的法外之徒一直念念不忘的话，那么小职员们却很难想起两年前在电车和地铁里议论过的罪犯的姓名。然而，月光迈克尔的确表现出几分罗布·罗伊或罗宾汉般的侠盗风范。他值得化身为传奇人物，而不仅仅是轰动一时的新闻人物。他拥有超强的行窃手法，根本不用取人性命。他力大无比，能像玩九柱戏②时轻松击倒木柱那样把警察打翻在地，令人瞠目结舌。他把人打晕、五花大绑、往嘴里塞上破布，这些举动似乎给他从不杀人的事实平添了恐怖或神秘的色彩。人们甚至觉得，假如他取了那些人的性命，反而更像是有血有肉的人干的事。

西蒙·班克斯先生是一家之主，比其他家庭成员更有学问，也更守旧。他身体结实，留着一撮灰白胡须，额上刻满了抬头纹。他一向热衷于趣闻轶事和陈年往事，因此能清楚地记起当年伦敦人夜不能寐、时刻提防着他不期而至的情景，就像弹簧腿杰克③大行于世的那个时代一样。在座的有他的妻子，一位身材消瘦、皮肤黝黑的女士。她身上散发着一股尖酸

---

① 罗布·罗伊（1671—1734）：全名罗伯特·罗伊·麦格雷戈，又名“红发麦格雷戈”，是苏格兰民族英雄并被誉为“苏格兰的罗宾汉”。

② 九柱戏：又称地滚球，是现代保龄球运动的前身，它起源于德国和荷兰，原是一种宗教礼仪活动。

③ 弹簧腿杰克：是维多利亚时代英国民间传说的人物。据称他面目狰狞，具有恶魔般的体态，手指戴着金属利爪，善于跳跃，常在夜间袭人。

刻薄的贵气，因为就算她娘家没多少文化，但远比婆家有钱。她在楼上的房间里珍藏着一条价值连城的翡翠项链，这让她在讨论窃贼的话题时拥有了无可非议的话语权。接下来是他女儿，奥帕尔，也是又黑又瘦。据说她具有通灵能力——反正她自己是这么说的，因为她的家人根本就没把她的说法当回事。由此看来，钟情于通灵的人最好别投胎到一个大家庭里。她有个弟弟，名叫约翰，为人粗鲁暴躁，时常对她的通灵能力肆无忌惮地冷嘲热讽。此外，他还有个鲜明的特征，酷爱玩车。他好像不停地买车卖车，而且总是能卖出一辆破车，换回一辆更好的，对于他究竟怎样做到了这一点，经济学家们也是一头雾水。他的弟弟菲利普也在，这个青年长着一头黑卷发，特别讲究穿着打扮。作为股票经纪人的手下，着装体面自然是分内之事，但股票经纪人很可能要说，这并不是他的全部职责所在。在场的还有一位外人，那是菲利普的朋友丹尼尔·迪瓦恩，他也是皮肤黝黑，衣着同样考究，可他蓄的胡子有几分怪异，许多人会觉得有些吓人。

其实，是迪瓦恩将报纸上的那条消息引出来的。他发觉饭桌上的气氛不对，眼看就要爆发一场激烈的家庭论战，为了转移大家的注意力，他便巧妙地引入了新的话题。那个通灵的小姐开始描述她的幻象，说她在夜里看到自己窗外飘荡着一张张惨白的面孔，约翰·班克斯则针锋相对，声嘶力竭地指斥这种虚无缥缈的心灵启示，他的态度也比往常更激烈。

报纸上对他们那位新来的、可能还值得警惕的邻居的报道很快就让姐弟俩停止了争吵。

“太可怕了！”班克斯太太尖声叫道，“他一定是新来的，可这人会是谁呢？”

“我还真不知道谁是新来的。”她丈夫说，“除了住在比奇伍德府邸的利奥波德·普尔曼爵士。”

“亲爱的，”他太太说，“你真是昏了头——利奥波德爵士！”然后，她停顿了一下，又补充说：“如果现在有谁提议说他的秘书是新来的——那个长着络腮胡子的人，我就说他不是好人嘛！自从他抢了本该属于菲利普的位置——”

“不可能，”一直沉默不语的菲利普无精打采地插了一嘴，“他没那个本事。”

“我只认识一个生人，”迪瓦恩说，“名叫卡弗，住在史密斯的农场。他平平淡淡地过着日子，但跟他聊天很有趣。我想约翰和他有些来往。”

“他懂点儿车的事，”偏执狂约翰应声附和，“他要是能坐上我的新车，一定还会懂得更多一些。”

迪瓦恩微微一笑。约翰可是恨不得每个人都能有幸坐上他的新车。接着，他回想着补充说：“这也是我对他的感觉。他很熟悉汽车和旅行的事，也很了解五花八门的世界，可他偏偏要闷在老史密斯的蜂房里慢条斯理地鼓捣，还说什么他只对养蜂感兴趣，所以才住在史密斯家里的。对他那种人来说，这个嗜好未免有些死气沉沉。不过，我绝对相信，约翰的车会给他提点儿神。”

那天夜里，迪瓦恩从班克斯家离开的时候，黝黑的面孔上带着一副冥思苦想的表情。或许，即使在这个阶段，他的所思所想也很值得我们关注。不过，此刻只需点明的是，他想了半天的结果就是决定立刻去史密斯先生家拜访一下卡弗先生。半路上，他碰见了巴纳德——比奇伍德府上的秘书，他瘦长的身材和浓密的腮须使他显得很是与众不同，班克斯太太奚落他的缺陷时，也包括这两点。他俩只能算是点头之交，便简单聊了几句，不过迪瓦恩却发现这寥寥数语似乎隐含着让人欲知端详的玄机。

“嘿，”他贸然发问，“恕我冒然一问，普尔曼勋爵夫人真在府上珍藏着非常名贵的珠宝吗？我并不是职业小偷，不过我刚听说有这么一位在此地晃悠呢！”

“我会让她多加小心的，”秘书答道，“实话告诉你吧，我本人已经壮起胆警告过她了，我希望她已经有所防范。”

就在他们说话的时候，身后突然传来刺耳的汽车喇叭声，紧接着就看到约翰·班克斯将车停在他们身边，手握着方向盘，一副洋洋自得的样子。一听到迪瓦恩说要去史密斯家，他就说自己也正好去那儿，不过听他的口气，更像是一时高兴，不管是谁都愿意提供一个搭车的机会似的。一路上全是他在说话，对自己的爱车赞不绝口，现在又开始大谈特谈这车如何能应付各种天气。

“密封棒极了，”他说，“同时又能轻松开车门——就像张开嘴巴那么容易。”

此时此刻，迪瓦恩的嘴巴似乎不那么容易张开，就这样听着约翰自顾自地说着，他们来到了史密斯家的农庄。车子开进了院门，迪瓦恩没进屋就发现了他要拜访的那个人。只见他双手插进口袋，头戴一顶硕大的软草帽，正在花园里散步。此人是长脸、宽下巴，宽大的帽檐投下的阴影遮住了他上半张脸，看着有点儿像戴了个面罩。他身后有一排热闹非凡的蜂房，一位老人，估计就是史密斯先生，在蜂巢前走来走去，他身边还跟着一个穿着教士服的人，那人身材矮小，长相很普通。

“我说……”迪瓦恩还没来得及跟大家礼貌地打声招呼，按捺不住的约翰就嚷开了：“我把车开过来带你去兜兜风。你看看它是不是比‘霹雳火’[①]还棒。”

卡弗先生咧开嘴微笑，本想表达谢意，结果看上去却面目狰狞。“恐怕我今晚是没时间找乐子了。”他说道。

“看看这些忙忙碌碌的小蜜蜂，”迪瓦恩说的话同样有些莫名其妙，“如果你要整晚守着这些小蜜蜂，它们一定也不会闲着吧？我在想如果——”

“呃。”卡弗表情有些冷淡，傲然以对。

“噢，人们常说趁着太阳好，赶紧晒干草。”迪瓦恩说道，“或许你是要趁着月光亮，快把蜂蜜酿。”

话音刚落，就觉一道冷光从那顶宽边帽的阴影里射了出来，那人的白眼球转动着，寒光凛凛。

“或许这事跟‘月光’还真有很大干系，”他说，“但我警告你，我的蜜蜂不仅能采蜜，还会蜇人。”

“你上不上车呀？”瞪着眼睛的约翰仍不善罢甘休。虽说卡弗暂时收敛起回敬迪瓦恩时流露出的那股邪气，但他还是婉言拒绝了盛情邀请。

“我没办法走开，”他说，“还要写很多东西。如果你是实心诚意要

---

① 霹雳火：英国宾利汽车公司在1920年代制造的一款经典跑车。

找个伴儿的话，也许你能发发善心，带我的朋友去兜风。这是我的朋友，史密斯先生，布朗神父——”

“没问题，”班克斯大叫着，“让他们都上车吧。”

“非常感谢，”布朗神父说，“不过，我恐怕得拒绝了，过几分钟我要去参加祈求天主赐福仪式。”

“那么，史密斯先生就归你了，”卡弗几近不耐烦地说，“我确信史密斯正想搭个便车呢。”

正咧着大嘴笑的史密斯似乎没表现出想要什么的样子。他是个活力十足的小老头，戴着一副极其普通的假发套，那样子就跟一顶帽子差不多。假发颜色有些发黄，与他苍白的脸色不大相配。他摇摇头，既和蔼又坚决地答道：“我记得10年前走过这条路，搭乘的就是那种玩意儿。当时是坐车从住在霍姆盖特的姐姐家回来，从那以后就再也没坐车走过那条路了。我可知道那条路有多难走。”

“10年前！”约翰·班克斯不屑地说，“2000年前你还坐牛车呢！你难道不知道10年的工夫汽车发生了多大变化吗——还有路，修得多好！坐在我这辆宽敞的车上，你根本感觉不到车轮在转动，你会觉得自己在飞。”

“我确定史密斯先生很想飞一飞，”卡弗催促着，“那是他一生的梦想。去吧，史密斯，去霍姆盖特看望一下你姐姐。你知道你该去看看你姐姐了。如果你愿意，去了就别急着回来，就在那儿过夜吧！”

“哦，我通常步行过去，所以通常是会在那儿过夜，”老史密斯说，“今天就不必特别劳烦这位先生了。”

“可是你想想，你姐姐看到你坐车去看她，该有多高兴啊！”卡弗大声喊道，“你真的应该去。别这么自私。”

“说的是啊！”班克斯轻快而又热心地随声附和道，“别太自私，又不会伤害你。你不会是害怕吧？”

“好吧！”史密斯先生说着，若有所思地眨眨眼睛，“我不想让人觉得我自私，而且我也不觉得有什么可害怕的——如果你非要这么说，我就跟你走。”

两个人就这样驱车离开了，其余的人都挥手告别，不知怎么，那种热烈的程度就像是有一群欢送的人似的。然而，迪瓦恩和神父只是出于礼貌才加入了欢送的行列，他俩都感觉到，这里的主人以他不容置疑的告别手势表明，他才是真心盼着他们赶紧走。他们从这个细节中体会到他身上散发着某种奇特的感染力。

那辆车刚从视线中消失，他就转向迪瓦恩和神父，迫不及待地表达某种歉意，大声说道：“这下好了！”

他态度诚恳，但奇怪的是，却让人觉得没有一丝好客之意。那种极度的热情跟逐客令并无二致。

“我得走了，”迪瓦恩说，“我们绝不能再打扰忙碌的小蜜蜂了。恐怕我对蜜蜂一无所知，有时我都分不清蜜蜂和黄蜂。”

“我也养黄蜂。”神秘的卡弗先生答道。当他们出了院子沿路走了几码时，迪瓦恩很冲动地对他的同伴说：“那场面相当诡异，你觉察出来了吗？”

“是的。”布朗神父答道，“对此，你怎么看？”

迪瓦恩看着面前这位一身黑衣的小个子，那双大灰眼睛凝视他的眼神似乎再次激发了他的冲动。

“我认为，”他说，“卡弗急于赶走别人，想今晚独自一人待在家里。我不知道你是否也有这种怀疑？”

“我有我的怀疑，”神父答道，“不过，我不确定是否跟你的一样。”

当天晚上，就在最后一缕晚霞消逝，夜色渐渐笼罩班克斯家周边花园的时候，奥帕尔·班克斯漫无目的地在那些空荡、昏暗的房间中游荡，神情比往日还要恍惚。假如有谁细细端详的话，一定会注意到她原本就苍白的面庞更加苍白了。尽管这座房子尽显中产阶级的奢华，它整体上却透出一种特有的悲情色调：是那种器物凋零令人伤怀的悲叹，而不是因其古老而引人遐想。它处处不乏褪色与凋谢的时尚，却丝毫不见体现厚重历史的习俗；玲琅满目的各色饰品，无非是昙花一现的风潮遗留的些许痕迹。维多利亚早期的彩色玻璃给暮光染上各种色彩，投射在屋内各处。高挑的房顶让长条型的房间显得更窄。她正在行走的那个长屋子的尽头就是一扇圆形窗户，属于那个时代建筑上常见的式样。差不多走到屋子中央的时候，她停了下来，突然颤动了一下，似乎有一只无形的手打了她一记耳光似的。

片刻之后，隔着关着的房门，从前门传来了敲门声。她知道家人都在楼上，但她不清楚为什么自己会鬼使神差地亲自去前面开门。门前台阶上站着一位身材矮胖、衣着寒碜的黑衣人，她认得他就是那位罗马天主教神父，名叫布朗。她并不熟悉神父，但却很喜欢他。他并不鼓励她对通灵术的探究，并持完全相反的态度，但他不鼓励的原因似乎是那种观点值得认真对待，而不是因为无关紧要。与其说神父对她那些观点缺乏理解，倒不如说他完全理解，但并不认同。她既没有打招呼，也没打算听他说出来访的理由，就在脑子里翻江倒海、胡思乱想的时候，她脱口而出：“真高兴你来了，我看见鬼了。”

“你没必要为此苦恼，”他说，“这是常有的事。大多数鬼都不是鬼，即使有少数是真鬼，也不会伤害到你。你看见的鬼有什么特别之处吗？”

“没有，”她坦然承认，隐约松了口气，“它本身并没有什么特别的，只是让人觉着有股可怕的腐烂气息，某种明显的破败。那是一张脸，一张趴在窗户上的脸。它面色惨白、眼球凸出，看上去就像犹大的画像。”

“哦，有些人看上去确实像那样，”神父回应道，“我敢说他们有时会趴在窗户上朝里看。我能进去看看发生了这种事的地方吗？”

然而，当她带着客人回到那个房间时，家里的其他成员都已经聚集在那里，而且那些不太通灵的人还觉得最好把灯点亮。在班克斯太太面前，布朗神父便表现出一种更加传统的礼貌来，为自己贸然造访表示歉意。

“我这样随便造访贵舍，恐怕有些冒昧，班克斯夫人，”他说，“不过呢，我想我能解释清楚，为什么有件事碰巧与你有关。我刚才在普尔曼家，突然有人打电话让我来这里和一个人碰面，那个人会来告诉你一件至关重要的事。我本不该来凑热闹的，但是对方非要我来，显然是因为我是发生在比奇伍德府邸的那件事的见证人。事实上，是我报的警。”

“发生了什么事？”女士追问道。

“比奇伍德府邸发生了盗窃案，”布朗神父表情凝重地说，“一宗盗窃案，而且我觉得情况还要更糟，普尔曼夫人的宝石不见了。她那个不幸的秘书，巴纳德先生，在花园里被发现，显然是被逃跑的窃贼开枪打死的。”

“那个人，”这家的女主人惊呼道，“我还以为他是——”

她和神父凝重的目光碰个正着，她也不知道为什么便立刻收了声。

“我联系了警方，”他接着说，“还联系了另一位对此案感兴趣的官方人士。他们说，仅仅根据初步调查获取的脚印和指纹，以及其他一些痕迹即可认定，这是一名臭名昭著的罪犯作的案。”

就在这时，约翰·班克斯回来了，一时打断了众人的讨论。看样子他开车带人兜风之旅没有成行。不管怎样，反正是老史密斯似乎很让人失望。

“关键时刻还是做了缩头乌龟，”他毫不掩饰自己的厌恶，大声嚷嚷着，“我以为轮胎被扎了就下车去查看，结果他趁机溜走了。我再也不会让这种乡巴佬搭车了——”

但他的抱怨并没有引起多少注意，大家都兴奋地围在布朗神父身边听他带来的消息。

“有个人马上就会来，”神父继续说着，神情还是那样郑重，“此人来了以后，我就不用再费心了。只要我和他同时站到了你们面前，我作为一起大案的见证人也就尽了本分了。我要说的最后一件事就是，比奇伍德府里的一个仆人告诉我她看到有张脸趴在窗户上——”

“我看到过一张脸，”奥帕尔说，“就趴在咱家的一扇窗户上。”

“嗨，你总是能看到脸。”她弟弟约翰粗暴地说。

“那同样意味着看到了事实，哪怕只是一些脸，”布朗神父平静地说，“而且我认为你看到的脸——”

前门的另一阵敲门声在房中回响着。很快门被打开，另一个人出现了。迪瓦恩一看到那人便从椅子上欠起身来。

此人身材高大，腰板挺直，有张相当惨白的长脸，下巴咄咄逼人。他几乎没有什么眉毛，一双蓝眼睛炯炯有神。迪瓦恩想起上次见到这个人的时候，他戴着一顶宽边草帽。

“请大家千万别动。”这个名叫卡弗的人用一种清晰而谦恭的口气说道。但对心惊肉跳的迪瓦恩来说，这种客气就像是一个绑匪端着枪，逼迫大家老实待着别动一样。

“请坐下，迪瓦恩先生，”卡弗说，“另外，如果班克斯太太允许的话，我也和你一样坐下。我需要解释一下我来这里的原因。我能想象得出你们曾怀疑我是个名头很大的盗贼。”

“我怀疑过。”迪瓦恩垂头丧气地说。

“就像你说的那样，”卡弗说，“分辨黄蜂和蜜蜂可不总是一件容易的事。”

他停了一下，接着说：“我可以自称为一种更有用、当然也同样让人恼火的昆虫。我是个侦探，传闻说有个自称‘月光迈克尔’的罪犯又开始作案，我来这里就是要调查这件事的。盗窃宝石是他的专长，比奇伍德府上刚刚发生一起宝物被盗案件，所有的技术鉴定都表明那显然是他所为。不光现场指纹相吻合，而且你们可能也知道，据说他以前多次被捕的时候，都做了简单而又能掩人耳目的装扮，粘着红胡子，戴着角质镜框大眼镜。”

奥帕尔·班克斯猛然向前探过身去。

“就是它，”她兴奋地大叫道，“那就是我看到的脸，戴着护目镜，蓄着乱蓬蓬的红胡子，像犹大一样。我还以为是鬼呢。”

“比奇伍德家的仆人看到的也是那个鬼。”卡弗面无表情地说。

他把一些文件和包裹放在桌上，开始小心翼翼地将其展开。“我说过，”他继续说，“我被派到这里是为了调查‘月光迈克尔’的犯罪动向。这就是我为什么表现出对养蜂感兴趣，并且跟史密斯先生住在一起的缘故。”

一阵沉默过后，迪瓦恩猛地回过神来，说道：“你不会真的说那个为人和善的老先生——”

“得啦，迪瓦恩先生！”卡弗微笑着说，“你都相信蜂房不过是我的藏身之地了。它为什么就不能是他的藏身之地呢？”

迪瓦恩沮丧地点点头，侦探则又转向他的那些文件。“因为怀疑史密斯，所以我就总想着把他支开，趁机搜搜他的东西，因此，我利用了班克斯先生要带他兜风的好意。搜查他的住处时，我发现了一些奇怪的物件，那不是一个只对蜜蜂感兴趣、淳朴的老先生该收藏的东西。这是其中一件。”

他从包着的纸里拿出一长条猩红色、毛茸茸的东西——是戏剧演出时用的那种假胡子。

在它旁边还有一副古老而粗大的宽边角质眼镜。

“不过，我还发现了一件东西，”卡弗接着说，“跟你们家有直接关系，也是我夜闯你家的原因。我发现一本备忘录，上面记着本地各家收藏的珠宝，有名称和估价。紧排在普尔曼女士那件冠状头饰下面的就是你班克斯太太的翡翠项链。”

班克斯太太此前对他们冒然闯入一直是既鄙夷又困惑，这时突然变得专注起来。她的面庞顿时显得老了10岁，同时也增添了更多的智慧。但是她还没来得及开口，冲动的约翰就猛地站起身，活像一头昂首吼叫的大象。

“那冠状头饰已经不见了，”他咆哮着，“我们家的项链——我要去看看那个项链！”

“是该去看看，”卡弗朝着冲出房间的年轻人说，“不过，当然啦，自从我们来这里之后，我们就在密切关注事态的发展。噢，这个便签还真费了我不少功夫，上面的记录用的是暗语，在我破解的差不多了的时候，接到了布朗神父从比奇伍德府邸打来的电话。我就让他先来告知，我随后就会赶到，就这样——”

他突然被一声尖叫打断了。奥帕尔站起身，直愣愣地指着那扇圆窗户。

“它又出现了！”她大喊一声。

刹那间，众人全都看到了某种东西——以前大家动辄指责这位小姐撒谎啊，歇斯底里啊，这东西的出现终于帮她洗清了罪名。在灰蓝色夜空的衬托下，那张脸惨白如纸，或许因为它紧贴在窗玻璃上的缘故，因而显得更无人色。那双瞪得圆圆的大眼睛像是套着一个环形物，酷似一条从深蓝色海洋中探出头来的大鱼，朝着船边舷窗里张望。只不过这条鱼的腮部或者鳍是铜红色的。事实上，那是乱蓬蓬的红色腮须和上半部分髯须。转瞬之间，它就消失了。

迪瓦恩刚朝窗户那边跨出一大步，就听见一声大喊响彻整个屋子，那是一声似乎要把房屋震塌的呼喊。声音震耳欲聋，几乎听不出喊的是什么，但已足以让迪瓦恩停下脚步，他知道发生了什么。

“项链不见了！”约翰·班克斯喊道，他高大的身影气喘吁吁地出现在门口，旋即又像一条追踪猎物的猎犬，噌的一下跑开了。

“窃贼刚才就在窗户那里！”侦探一边大喊，一边冲向门口，紧跟在莽撞的约翰身后。此时，约翰已经跑进了花园。

“小心啊！”班克斯太太哀声提醒着，“他们手里可是有枪啊！”

“我也有。”天不怕地不怕的约翰的声音从远处漆黑的花园里传来。

迪瓦恩的确注意到，这个年轻人从自己身边跑过去的时候，手里挑衅似的挥舞着一把手枪。他当时真希望他没必要动枪自卫。但就在他这样想的同时，外面传来了两声枪响，像是两人在对射。清脆的枪声在那个安静的郊区花园中回荡着，然后又是一片死寂。

“约翰死了吗？”奥帕尔颤抖着低声问道。

此刻布朗神父已经走进了漆黑的花园深处，背对着众人低头查看着什么。他回答了她的问题。

“没有，”他说，“死的是另一个。”

卡弗这时已经来到了神父身边，这两个人一高一矮，一时挡住了众人的视线，看不到月黑风高之下，究竟展现着何等场景。随后，他俩移到一边，其他人这才看到一个瘦小的身躯躺在那里，略微扭曲的样子像是临死前拼命挣扎过。红色假胡子向上撅着，似乎在嘲笑上天，月光散射在那副硕大的眼镜上。此人便是大名鼎鼎的“月光迈克尔”。

“竟落得如此下场，”卡弗侦探喃喃自语，“经历了那么多大风大浪，结果却在一个郊区花园里，几乎是意外地倒在了一个汽车迷的枪口下。”

汽车迷本人自然是更加庄严地看待他的胜利，尽管同时也不乏紧张。

“我不得不这样做，”他气喘吁吁地说，因为跑得太猛，仍然上气不接下气，“很抱歉，是他先朝我开枪的。”

“当然，警方会调查的，”卡弗严肃地说，“不过我觉得你没什么可担心的。从他手上掉落的那把枪曾经开过一枪，他当然不可能是在你打中他之后才开的枪。”

此时，众人重又聚集在先前那个房间，侦探收拾文件准备离开。布朗神父站在他对面，盯着桌面，似乎陷入了沉思。然后，他突然说：“卡弗先生，你自然是十分完满地侦破了这宗案子，手法也令人叹服。我本来对你们这个行当做事的能力持怀疑态度，但我没想到你竟能这么快就把各种线索——蜜蜂、胡子、眼镜和暗语，还有项链等都串到了一起。”

“能够完满破案总是让人高兴的事。”卡弗说道。

“是啊！”布朗神父仍然盯着桌面，随口答道，“这很令人赞佩。”说完，他态度谦逊、近乎紧张地补充说：“我想说的应该对你很公平，你所说的话，我一个字都不信。”

迪瓦恩突然兴致勃勃地探过身去：“你的意思是，你不相信死者是迈克尔，那个窃贼？”

“我知道他是窃贼，但他没有行窃。”布朗神父答道，“我知道他不是要来这里或那所大宅偷珠宝，或者得手后在试图逃跑时被打死。珠宝在哪儿呢？”

“就在这类案件通常会去的地方。”卡弗说道，“他要么把它们藏了起来，要么交给了同伙。这不是一个人能做的案。当然，我的同事们正在搜查这个花园，也向该地区发出了警示。”

“或许，”班克斯太太提醒说，“迈克尔趴在窗户上朝里看的时候，同伙偷了项链。”

“他为什么要趴在窗户上朝里看呢？”布朗神父不动声色地问，“他为什么想要趴在窗户上朝里看呢？”

“哦，你怎么看？”一脸轻松的约翰嚷着说。

“我认为，”布朗神父说，“他根本就没想要趴在窗户上朝里看。”

“那他为什么这样做呢？”卡弗追问道，“说得神乎其神的有什么用？我们亲眼目睹了这件事的整个过程。”

“我亲眼目睹过许多发生在眼前而我并不相信的事。”神父回敬道，“你也一样，无论是在台前还是幕后。”

“布朗神父，”迪瓦恩不无敬意地说，“能不能跟我们说说，你为什么不能相信自己的眼睛？”

“可以，我会想办法告诉你的。”神父答道。然后，他慢条斯理地说：“你知道我是什么人，也知道我们是什么人。我们不会没事给你们找麻烦。我们努力和街坊邻居友好相处。但你不能就此认为我们无所事事、一无所知。我们尽心尽力做好自己的事，但我们也了解我们的教民。实际上我跟死者很熟，我是他的告解神父，也是他的朋友。就我作为一个人所能认识到的程度来说，今天他离开那个院子的时候，我很清楚他当时的心境，他的心灵就像装满金色蜜蜂的玻璃蜂巢那样纯净，用这种比喻来说明他改邪归正的诚意远远不够。他属于那种伟大的悔罪者，主动从忏悔中学到更多东西，比其他人从美德中收获的还多。我说过，我是他的告解神父，但实际上，我还要去找他寻求安慰。与这样一个好人相处对我大有裨益。可当我看到他死在花园里的时候，我似乎听到远方传来奇诡的声音，重述着古老的格言，那个响亮的声音是对着他说的。那很可能是，因为假如有人能直接升入天堂的话，那很可能就是他。”

“岂有此理！”约翰·班克斯烦躁不安地说，“不管怎样，他是个被定罪的贼。”

“没错，”布朗神父说，“可这世上只有一个被定罪的窃贼有幸聆听到了那个承诺：‘今日你要同我在乐园里了。’”①

似乎没人知道该如何打破接下来的一片沉寂，后来还是迪瓦恩突然开口道：“那你该如何解释这一切呢？”

神父摇摇头。“我无法解释这一切，现在还不能。”他简单地回应道，“我能看出其中一两件怪事，但不明白它们有什么意义。目前，除了

① 原文见《圣经》中的《路加福音》第23章。耶稣受难日，另有两个犯人与他一起被钉上十字架。其中一个讥诮耶稣说：“你不是基督吗？救救自己和我们吧！”另一位则叱责他的同伴，说：“你既是一样受刑的，还不怕神吗……我们所受的，与我们所做的相称。但这个人没有做过一件不好的事。”他还说：“耶稣啊，你的国降临的时候，求你记念我。”耶稣对他说：“我实在告诉你，今日你要同我在乐园里了。”

他个人的情况以外，我也做不了更多能证明他清白的事了。但我相当肯定我是对的。”

他叹口气，伸手去摘他那顶大黑帽。他摘帽子的同时，仍然盯着桌面，但眼神却与刚才大不相同了。他那一头直发的圆脑袋歪向了另一边，仿佛有只怪异的动物从他的帽子里蹿了出来，就像魔术师用帽子变出了东西那样。其他人也看着桌子，上面只有侦探带来的文件、艳俗粗糙的道具胡子和眼镜，并没有其他什么东西。

“天主保佑我们！”布朗神父喃喃自语，“他的尸首还躺在外面，粘着假胡子，戴着假眼镜。”他猛地转向迪瓦恩：“如果你想知道实情，有个问题你可以想清楚。他为什么有两副胡子？”

话一说完他便笨手笨脚地匆忙出了门，但迪瓦恩现在充满了好奇，一直追着他来到前面的花园里。

“我现在还不能告诉你，”布朗神父说道，“我还不确定，况且我也很苦恼，不知道该怎么做。明天来找我吧，到时候我也许就能告诉你详情了。也许我不用再为难了，而且——你听到那声音了吗？”

“那是发动汽车的声音。”迪瓦恩解释说。

“约翰·班克斯先生的汽车，”神父说道，“我相信它能跑很快。”

“他肯定也是那么想的。”迪瓦恩微笑着说。

“它今夜不光会跑得快，也会跑很远。”布朗神父说。

“你那是什么意思？”另一位追问道。

“我的意思是它不会回来了，”神父答道，“约翰·班克斯从我说的话里听出了些什么。他跑了，带着翡翠项链和所有其他宝石跑了。”

第二天，迪瓦恩看到布朗神父在一排蜂巢前走来走去，虽然有些悲伤，倒还算平静。

“我一直在和蜜蜂说话，”他说道，“你知道，我只能跟蜜蜂说！‘哼着歌儿的泥水匠铺着金黄的屋顶。’[①] 多美的诗句啊！”然后又没头没脑地说：“他希望这些蜜蜂能有人照料。”

“我希望他还是别让人受到冷落吧！大家可都嗡嗡叫着打探真相呢。”年轻人说，“真让你说中了，班克斯带着宝石跑了。可我不明白你是怎么知道的，或者说，这里面到底有什么奥妙？”

布朗神父和蔼地看着蜂巢眨巴着眼，然后说：“就是人们对事情的某种错误认识，再加上一开始还存在一块绊脚石。我想不通为什么可怜的巴纳德会在比奇伍德府邸被人开枪打死。还有，即使在迈克尔还是江洋大盗的时候，他也觉得如果不用杀人就能得手是一件体面甚至是值得炫耀的事。当他脱胎换骨成了一种圣人后，居然会背离正道，犯下他还是罪人时就很鄙视的罪行，这太不可思议了。余下的事情也让我一直都很困惑，我实在想不出个所以然，只是觉得那不是真的。然后，当我看到那副假胡子和眼镜时，想起那个窃贼也粘着一个假胡子、戴着一副眼镜，我才恍然大悟。当然，话又说回来了，他很可能有一套备用的，但他既没有戴旧眼镜，也没粘旧胡子，那两样可都保养得很好啊！这至少可以说是一种意外情况。另外也有可能他出门的时候两者没带在身上，只好再置办一套新的，但是那又不大可能。他根本没必要跟着班克斯去兜风。假如他真想行

---

① 原文见莎士比亚的《亨利五世》的第一幕第二场。

窃，他可以轻而易举地把那套行头装在口袋里。再说了，灌木丛又长不出胡子来。在那段时间，他很难在任何地方找到那玩意。

“不对，我越琢磨这事就越感觉不对劲儿，这太可笑了，他怎么会有一套崭新的行头。然后，经过一番推理，我逐渐发现了真相，其实之前我已经本能地感知到了。他跟班克斯离开的时候，根本就没想过要装扮。他从来就没想过要装扮。事实上，是他人闲着没事做出那种东西，然后替他装扮的。”

“替他装扮的！”迪瓦恩重复道，“他们怎么可能做到？”

“咱们可以回顾一下，”布朗神父说，“从另外一扇窗户看看这东西——那位小姐从中见到鬼魂的那扇窗户。”

“鬼魂！”另一位打了个激灵，重复道。

“她说那是鬼魂，”矮个子神父镇静自若地说，“或许她还真没怎么说错。她的确像人们说的那样会通灵。她唯一的错误是以为通灵就是灵修。有些动物也通灵。总之，她很敏感，她说她感到趴在窗户上的那张脸笼罩着可怕的死亡气息，还真没错。”

“你的意思是——”迪瓦恩接过话头说。

“我的意思是，趴在窗户上朝里看的就是个死人。”布朗神父说，“那个死人爬过不止一栋房子，趴着看过不止一扇窗户。听起来有些毛骨悚然，对吧？但在一种意义上，它是鬼魂的反面，因为它并不是脱离了躯体的灵魂在闹鬼，而是失去了灵魂的躯体在作怪。”

他冲着蜂巢又眨眨眼，接着说：“但是，我想，最简单的解释就是从肇事者的角度入手。你知道他是谁，约翰·班克斯。”

“我最想不到的就是他。”迪瓦恩说道。

“我最先想到的就是他。”布朗神父说，“如果我有权利怀疑任何人的话。朋友，社会群体或行业没有好坏之分。任何人都能成为杀人犯，比如说可怜的约翰；任何人，即便是同一个人，也都能成为圣人，比如说迈克尔。但是，如果说有一类人比其他人更容易表现出无法无天的倾向的话，那就是非常残忍的商人。他没有社会理想，更不要说宗教信仰了。他既没有绅士的传统，也没有工会主义者的阶级忠诚。他大肆吹嘘的好买卖实际都是在炫耀他又成功地骗了人。他姐姐不过稍稍尝试了一下神秘论，他便冷言冷语，实在可恶。她的神秘主义全是胡扯，但他痛恨唯灵论的根本原因是它专注于精神。无论如何，他是个十足的大恶棍，他的唯一兴趣就是成为一个独一无二的极品恶棍。他杀人的动机的确新颖而独特。那就是拿尸体当道具——一种骇人的玩偶或傀儡。最初他计划在车上杀掉迈克尔，然后把他带回家，假装是在花园杀死他的。但是随后所有那些精彩绝伦的收尾工作，都是由最初那件事自然发展而来的，因为那是一具已被识破且众所周知的窃贼的尸体，他把尸体藏在封闭的车内，夜间可以自由支配。他可以操纵尸体留下指纹和脚印，他可以让那张熟悉的脸贴在窗户上，然后再带走。你应该会注意到，迈克尔在窗边露面又消失的时候，也正是班克斯走出屋子去找翡翠项链的时候。

“最后，他只需将尸体扔到草坪上，每把枪各开一枪，就完事大吉了。若不是那两个假胡子引发的猜测，恐怕我们永远都发现不了真相了。”

“你的朋友迈克尔为什么要保存那副旧胡子呢？”迪瓦恩若有所思地

说，“我觉得那很可疑。”

“对我来说，那很自然，”布朗神父答道，“我很了解他，他的整个心态就如同他戴的那个假发。他戴假发不是为了伪装自己。他不再想要以前的那副道具了，但也没理由惧怕它。迈克尔会觉得毁掉那个假胡子是自欺欺人，像是要隐瞒什么。但他实际上并没有隐瞒，既没有对天主隐瞒，也没对自己隐瞒，而是活得光明磊落。如果他们重新把他投入监狱，他仍然会很快乐。他不是粉饰一新了，而是洗心革面了。他身上散发着某种怪异的气息，就如同那场死亡之舞，在死后被人操控着表演一样。在他笑容可掬地围着蜂巢忙碌的时候，在他容光焕发、充满活力的时候，即便在那一刻，他其实已经死了，已经超脱了这个世界对他的审判。”

稍稍停顿了一下之后，迪瓦恩耸着肩说道：“说来说去，又回到那个世上的蜜蜂和黄蜂长得太像的话题上去了，不是吗？”

飞鱼之歌

佩里格林·斯马特先生就像个苍蝇一样一门心思只围着一件宝贝和一个笑话打转。那就是个不痛不痒的笑话，因为他只是问问人们有没有见过他的金鱼。那也是个价值不菲的笑话。但是人们不禁要问，他心底里是否更倾心于那个笑话而不是那件宝贝。在古老的乡村绿地周围有几栋新房子，他跟住在里面的邻居们聊天时，总是不失时机地把话题转到自己的癖好上来。面对巴达克医生，一个有着坚毅下巴、头发梳得像德国人一样油光水滑、崭露头角的生物学家，斯马特先生转换起话题来轻松自如。“你对博物学感兴趣啊，那你见过我的金鱼吗？”对巴达克医生这种正统的进化论者来说，所有的自然毫无疑问都是一体的。但是乍一看，联系倒不怎么紧密，因为他只是研究长颈鹿始祖的专家。面对来自毗邻小镇教堂的布朗神父，他从罗马转到圣伯多禄[①]，紧跟着说到渔夫，再从鱼到金鱼，如连珠炮般一气呵成。接下来是银行经理伊姆拉克·史密斯先生，他又高又瘦、面色蜡黄、衣着讲究而又风度翩翩。在跟银行经理聊天时，斯马特会

① 圣伯多禄：天主教译法，即“圣彼得”，在成为耶稣宗徒之前是个渔夫。

猛然把话题转到金本位上去，那与金鱼的距离也就一步之遥了。邻居中还有位伊冯·德·拉腊伯爵（他受封的是法国爵位，但脸长得却像俄国人，如果不说成像鞑靼人的话），在跟才华横溢的东方旅人和学者闲聊时，这个聊天能手会对恒河和印度洋表现出浓厚的兴趣，自然而然就谈到那些水域可能会有金鱼这样的话题。

面对哈里·哈托普先生，那个非常富有又十分害羞和少言寡语的青年，最近从伦敦来到此地，他软磨硬泡，最后终于明白那个难为情的小伙子对钓鱼并不感兴趣，于是补充说："说到钓鱼，你见过我的金鱼没有啊？"

那些金鱼的独特之处在于它们是用金子做的，是件古怪而昂贵的玩具的组成部分。据说是某个富有的东方王子一时心血来潮的杰作，斯马特先生在某个拍卖场或者古董店与它不期而遇。他经常光顾那些地方，往家里囤积一些并无用处的稀罕玩意儿。从房间的另一端看过去，它酷似一只巨型大碗，里面装着巨型活鱼，但再仔细一看会发现它是一个极其精美、硕大的威尼斯吹制玻璃制品，碗壁薄如蝉翼，材质中暗含虹霓般若隐若现的颜色，在那种朦胧色彩的烘托下，只见几条奇特的金鱼悬挂在那里，眼珠则是硕大的红宝石。那绝对是价值不菲的宝贝，但到底能卖多少钱则要取决于收藏界能疯狂到什么程度。斯马特先生的新秘书，一个名叫弗朗西斯·博伊尔的年轻人，尽管是个不以谨慎著称的爱尔兰人，也对他的毫无遮拦感到吃惊。他居然随意谈论自己收藏的瑰宝，谈话对象相对来说都不过是碰巧住在附近的陌生人，属于那种来来去去的人，而收藏家通常警惕性都很高，有时还秘而不宣的啊！随着秘书工作的展开，博伊尔发现不只是他有这种感觉，其他人也都心存不同程度的疑惑，从稍感意外到难以苟同，表现不一。

“奇怪的是他竟然没被人割喉行刺。”斯马特先生的贴身男仆哈里斯说。话语之中并非没有一丝假设的快感，仿佛他已经从一种纯粹艺术的角度，对此表示出甚为惋惜之情。

“他把东西四处乱丢的做法可真够惊人的。”斯马特先生的总管詹姆森说，他从办公室过来协助新秘书熟悉工作，“他甚至都不用叮当乱响的旧门闩把那破烂的旧门给闩上。”

“布朗神父和医生倒是不妨事，”斯马特先生的女管家说，话语之中含有一种她发表意见时特有的含糊其词，“但是如果涉及到外国人，就太冒险了。不光是伯爵一人，那个在银行工作的家伙肤色太黄，我看着不太像英国人。”

“哦，年轻的哈托普够像英国人的了，”博伊尔友好地说，“都到了那种沉默寡言、一句也不自辩的程度了。”

“他想得可是多多了，”女管家说，“他也许不是标准的外国人。但也不像看上去那么傻。我想说，举止像外国人就是外国人。”她阴郁地说。

她若是听到了当天下午在主人起居室里的那场对话，她的不快也许会进一步加深。话题主要是金鱼，不过那个讨厌的外国人渐渐地变成了中心人物。倒不是他的话很多，而是即便他沉默不语，也能引起众人的关注。他团身坐在一大堆靠垫上，身躯显得更加庞大了。在渐渐暗下来的黄昏中，他那宽大的蒙古人种的脸庞泛着微光，好似满月一般。或许他身后的背景营造出了某种氛围，烘托出他颇似亚洲人的脸庞和身形，因为那房中乱七八糟地摆满了多少也算昂贵的古董，其间不乏弯弯曲曲、闪着光芒的东方武器、东方烟具和器皿、东方乐器和泥金写本。总之，随着谈话的进展，博伊尔愈发觉得那个坐在靠垫上、背对落日的身影酷似一尊硕大的佛像。

这个小圈子的人全部到场了，谈话的内容也五花八门。事实上，他们经常串来串去，环绕乡村绿地的四五户人家迄今已经组成了某种俱乐部。这几家人中，就属佩里格林·斯马特的房子年代最为久远，体量最大，最有诗情画意。它向两边延展，几乎占据了广场的整整一边，仅剩下可以容纳一处小别墅的空间，那里面住着名叫瓦尼的退休上校，据说身体伤残，只是从没有人见他走出家门一步。跟这两栋房子成直角的方向上有两三家商店，可以满足乡村居民的日常生活所需。拐角处还有一家名叫蓝龙的客栈，哈托普先生——那个来自伦敦的陌生人，就下榻在那里。对面坐落着三处房舍，一处被伊冯·德·拉腊伯爵租下，一处被巴达克医生租下，第三处依旧空着。绿地的第四个边上是那家银行所在地，隔壁住着银行经理，旁边还有一块空地，被人租下圈在篱笆墙里准备盖房。可以说这是一个相当自足的群体，周边方圆几英里都荒无人烟，使得这些人越来越依赖彼此的陪伴。那天下午，有个陌生人闯入了这个神奇的圈子：一个脸形消瘦、眉毛和胡子均很浓密的家伙，他衣衫褴褛，若他果真（如传言所说）是来跟老收藏家做生意的话，他定是个百万富翁或者公爵。不过他被称作哈默先生，至少在蓝龙客栈大家都这么称呼他。

斯马特先生又冲着他唠叨了一通金鱼的荣光，顺便还提及了众人对他看管不善的批评。

“人们总是告诉我，我应该多加小心把它们锁起来。”斯马特先生说着，回头对站在他身后的办事员扬了一下眉毛，那人刚从办公室拿来了一些文件。斯马特是个脸蛋圆滚滚、身材也圆滚滚的小老头，就像只秃头鹦鹉。“詹姆森和哈里斯，还有其他人总是让我把门闩上，就好像这是中世纪的堡垒，其实这个老朽的、爬满了铁锈的门闩年代太久了，我敢说，它早就阻挡不了任何人了。我宁肯相信运气和这里的警察。”

“再好的门闩也未必能把人挡在门外，”伯爵说，“一切都取决于想要闯入的人是谁。曾经有个年迈的印度教隐士，清心寡欲地隐居在一个山洞里，他穿过护卫莫卧儿皇帝的三路大军的重重防线，从暴君的头巾里取走了那颗硕大的红宝石，然后像个影子一样毫发无损地返回原处。他就想告诫那些大人物，时空法则是多么微不足道。”

“当我们真正研究了这些微不足道的时空法则以后，”巴达克医生干巴巴地说，“我们大体就能看穿那些花招的底细了。西方科学已经揭开了相当一部分东方魔法的面纱了。毫无疑问，催眠和暗示可以解决很多问题，更不消说手上的花招了。”

“红宝石并不在皇帝的大帐内，”伯爵用他那梦幻般的口吻说道，“他却从100个营帐中找到了它。”

“那岂不就是心灵感应术了吗？”医生一针见血地问道。那问题听起来显得更加尖锐了，因为接下来是一片死寂，那个显贵的东方旅人好像也不顾及礼节，大模大样地睡着了。

“抱歉，”他突然打破了沉默，脸上浮现出一丝笑意，“我忘了我们是在用语言进行交流了。在东方我们是用思想交流的，所以从来不会误解对方。你们这些人竟然这么崇拜语言，满足于语言，真是奇怪。你们现在所说的心灵感应跟你们过去说它是愚蠢举动有什么区别？如果一个人顺着芒果树爬到了天上，说那是升空跟说那是谎言又能对事实有什么影响？如果中世纪的巫婆挥动一下魔杖，把我变成了蓝色的狒狒，你们会说那只是返祖现象罢了。”

医生怒目而视，似乎想说他跟狒狒之间没多大区别。但在他还没想好用什么狠话应对之前，那个叫哈默的男人瓮声瓮气地插了话：“那些印度巫师的确能做匪夷所思的事，可我发现他们大都局限在印度。或许是一帮人串通好了，可能只是群体心理的表现。我并不认为那些把戏在英国的小村里会行得通，我敢说我们朋友的金鱼会相当安全。”

“我给你们讲个故事吧！”德·拉腊不动声色地说，“那并非发生在印度，而是在开罗最现代化区域的一个英国兵营外。当时有个哨兵站在铁栅栏门内，透过栅栏看外面的街道。一个乞丐突然出现在门外，他光着脚，衣衫褴褛却是一副当地人的打扮。那乞丐用英语询问保存在大楼里的某个文件，他说的英语清晰流畅、发音优雅，真让人吃惊。当然，士兵告诉他不能入内，而那人却微笑着答道：‘何为内，何为外？’那个士兵透过栅栏不屑地看着乞丐，但他恍恍惚惚意识到，尽管他和门都没有移动，自己却站到了大街上，看向兵营里面，而那乞丐同样也没有移动半步，却正站在里面微笑。接着，当乞丐向大楼走去时，卫兵突然恢复了神智，对着里面的士兵高声大喊，让他们擒拿罪犯。‘总之你休想从里面出来了。’他恨恨地说。乞丐用他悦耳的嗓音回应道：‘何为外，何为内？’

随后，站在街上往兵营里看的士兵猛然发现自己又回到了栅栏门里面，而乞丐却像没事人似的站在街上满面含笑，手里拿着一份文件。”

伊姆拉克·史密斯先生，一头滑溜黑发的银行经理，一直都在低头凝视着地毯，这是第一次开启金口。

“那份文件后来怎么样了？”他问道。

“你真不愧是银行界人士，”伯爵沉着脸友善地说，“那是一个相当重要的金融文件。它造成的后果是国际性的。”

“但愿别经常发生那种事。”年轻的哈托普沮丧地说。

“我讲的并不是政治上的，”伯爵平静地说，“而是哲学上的。那反映出智者如何可以走到时空后面，撬动时空的杠杆，于是整个世界就在我们眼皮底下转动了。只是让你们这些人相信精神力量真比物质力量强大就那么难吗？”

“哦，”老斯马特兴高采烈地说，“我不敢声称自己是精神力量方面的权威。你怎么看，布朗神父？”

“唯一让我印象很深的是，”那个矮小的神父答道，“迄今为止我们听说的所有超自然行为似乎都跟盗窃有关。我觉得无论是借助精神方式还是物质手段，盗窃就是盗窃，都是一回事。”

“布朗神父也是个门外汉。”史密斯微笑着说道。

“我跟那类人很有共鸣，”布朗神父说，“门外汉只不过是知其然但不知其所以然的人。”

“这一切对我来说都太深奥了。”哈托普由衷地感叹。

“或许，”布朗神父微笑着说，“你不想用语言交流，正如伯爵暗示的那样。他转弯抹角地表达，而你通过沉默不语来回应。”

“也许可以借助音乐，”伯爵神情恍惚，喃喃自语，“那会胜过千言万语。”

“是的，没准我更理解音乐中的含义。”那个年轻人低声说。

博伊尔一直在全神贯注、满怀好奇地听他们闲聊，因为有好几个人的举止让他觉得意味深长，甚至有几分诡异。当谈话内容转向音乐，一个让衣冠楚楚的银行经理（他是个小有名气的业余音乐家）感兴趣的话题时，这个年轻的秘书猛然想起自己的职责所在，赶紧提醒他的雇主，耐心的总管仍然手捧着文件站在那里等着呢。

“哦，先放一边吧，詹姆森。”斯马特连忙说，“那只是我银行账户的一些事，我以后再跟史密斯谈。你刚刚在说大提琴，史密斯先生——”

但是那冷冰冰的商务气息冲淡了谈论超自然力量的氛围，让众人很扫兴。客人们逐一开始道别，最后只剩下了伊姆拉克·史密斯先生，那个银行经理和音乐家。等大家都走了之后，他和主人走进存放金鱼的内室，关上房门密谈。

这幢房子是细长型的两层小楼。二楼主要是主卧套间，连着一个凸出去的封闭阳台。套间里有主人的卧室和更衣室，卧室后面还有一间密室。那个阳台跟楼下不上闩的门一样，也让女管家、总管和其他人深感不安，他们为收藏家的粗心大意忧心忡忡。其实精明的老绅士并不像他表面看来那么满不在乎。他声称不信任老房子的古老门闩，而女管家看着因长期废置而锈蚀的门闩自然也深感痛心，但他却更注重策略。他总是在夜里把珍爱的金鱼拿到楼上，放在密室里，自己睡在外面守着入口。据说，他的枕头下面还放着一支枪。博伊尔和詹姆森在外面等了很久，门终于开了，只见他们的雇主再次现身，毕恭毕敬地捧着那个大玻璃碗，仿佛那是件圣髑。

室外，绿地广场的一角仍然残留着夕阳的余晖，而室内也已经亮起了灯。在日光和灯光交相辉映下，那个五彩球状的巨碗犹如一件奇异珠宝熠熠生辉，而金鱼奇异的轮廓又为之平添了一种护身符般的神秘，就像预言家在水晶球里看见的末日奇景。伊姆拉克·史密斯的目光越过老人的肩膀追随着它，那张蜡黄的脸上现出神秘莫测的表情。

“我今晚要去伦敦，博伊尔先生。”老斯马特说，话语之中显出平日少见的沉重，“我和史密斯先生要赶6点45分的火车。我想让你，詹姆森，今晚睡在楼上我的房间。如果你像往常一样把它放在密室，就会很安全。我倒不是担心可能会出什么事。”

“这世上没有什么事情是不可能的，”史密斯先生微笑着说，“我想你平常总是带着枪上床吧？或许这一次你该把枪留下。”

佩里格林·斯马特没有作答，和银行家走出房门，来到环绕乡村绿地的路上。

总管和秘书当晚谨遵指示，睡在雇主的卧房里。确切地说，总管詹姆森睡在更衣室的床上，但通向卧室的门开着，因此沿房屋正面并列的两个房间实际上是一间。所不同的是，卧室前方有扇长形落地窗通往阳台，后方是通往存放金鱼的密室入口。博伊尔拉过床挡住入口，把枪放在枕头底下，然后脱衣上床，感觉一切已安排妥当，可以防范任何可能性不大的意外事件。他也没觉出还有发生普通盗窃的危险。至于旅人德·拉腊伯爵所讲故事中的那些意念盗窃，如果在他即将入睡时还念念不忘的话，只能理解为梦里本该出现那类东西罢了。它们很快幻化成梦境，间或伴随着无梦的沉睡。那个总管跟往常一样显得略微有些不安。不过他经过一番大惊小怪的唠叨、重复了一通平日里总爱提到的憾事和警告之后，也脱衣上床睡觉去了。皎洁的月光渐渐暗淡了，月下的绿地广场和灰白房子静寂无声，周边看不到一个人影。就在灰蒙蒙的天边晨曦初露的时候，出事了。

因为年轻，博伊尔自然更健康，所以睡得更沉。尽管他一醒就活蹦乱跳的，但醒来的过程却总是很艰难。况且，他做的那种梦就像一条章鱼灰暗的触须一样，缠住了他似醒非醒的神智。梦景五花八门，包括他站在阳台上，朝着那四条灰白的道路和绿地广场看的最后一眼。但那些东西都走了形，变幻多端，令他头晕目眩，与此同时，他还听到低沉刺耳的噪音，好像地下河发出的声音，或者只是更衣室里的老詹姆森的呼噜声。但他在昏昏沉沉中觉得这些噪音和动静让他不禁想起德·拉腊伯爵说的那番话：有种智慧撬动时空的杠杆，使这个世界运转。他好像还梦见一台巨大的机器在世界下方嗡嗡作响，移动着一片片风景，将世界尽头搬到一户人家的前花园，或将他家的前花园放逐到大洋彼岸。

他脑海中存留的第一个完整印象便是一首歌的歌词，还有一种缥缈的金属伴奏声。歌者是外国口音，听着怪声怪调却又有些耳熟。他无法确定那是不是在梦中自创的一首诗。

穿过大地，越过海洋

我的飞鱼会回到我身旁

因为唤醒它们的并非尘世的乐章

而是——

他挣扎着起来，发现他的同伴已经起床了。詹姆森正透过落地窗朝阳台外张望，对着下面街道上的什么人尖声呵斥。

“你是谁啊？”他厉声喊道，“你要干什么？”

他烦躁不安地转向博伊尔，说道：“有人就在房前转悠。我知道那不安全。我下去插上门，不管他们怎么说。”

他慌慌张张地跑下楼，博伊尔能听到门闩撞在门上的哐啷声。不过博伊尔自己却走到阳台上，眺望着通向这栋房子的那条灰色长路，竟然感觉恍如梦中一般。

在横贯旷野又穿过这个英国小村的灰色长路上，出现了一个人影，简直就像忽地从伯爵奇幻故事中的丛林里或是《一千零一夜》的集市上蹦出来的。东方之光弥漫开来，凄凉的灰色晨霭渐渐让万物显出真容但又将它们涂抹成一种颜色，它此刻正缓缓地掀开灰色面纱，展现出着奇装异服的那个人。一条怪异的海蓝色围巾，又宽又大，像穆斯林戴的头巾一样缠在头上，然后又缠住下巴，整体看起来就像罩着一顶兜帽，那张脸看上去也像戴着面具。因为分别缠着头和下巴的布被拉得很近，如同面罩一样盖住了脸。脑袋低垂，冲着形状古怪的银质或钢质乐器，形似畸形或扭曲的小提琴。那人正用酷似银梳的东西弹着琴。不可思议的是，那琴声既微弱又尖细。博伊尔还没来得及张口，一直回荡在他脑海中的异域口音从呢斗篷的阴影中传来，歌词也跟梦中一般：

当金鸟回到树上

我的金鱼回到我身旁。

回到——

“你无权待在这里。”博伊尔愤愤地嚷道，几乎不知道自己在说什么。

“我有权得到金鱼。”陌生人言语中透着威严，听着更像是所罗门王，而不是一个身着破烂蓝斗篷、赤脚的贝都因人。“它们将回到我身边。来吧！”

他陡然提高嗓音说出最后一个词，同时猛地弹了一下那把怪琴。一阵刺穿灵魂的凄厉琴声扑面而来，紧接着又传来另一种微弱的声音，它来自存放金鱼碗的那个黑屋子，如耳语般颤动，似在回应琴声。

博伊尔转身查看。霎时间，密室中的回声变成了一种类似电铃般悠长的鸣响，接着变成一种低微的破碎声。从他在阳台上呵斥陌生人到现在，整个过程持续不过几秒钟。可就在这时，主管已经回到了楼梯顶上，他毕竟上了年纪，一趟下来就已经上气不接下气了。

“我已经把门闩上了，不管怎么说。”他说。

“马厩的门。”博伊尔在黑乎乎的密室里说。

詹姆森尾随他进了房间，发现他正低头看着碎了一地的彩色玻璃，好像弧形的彩虹碎片。

“你说的马厩门是什么意思？”詹姆森开口问道。

“我是说马儿被偷了，”博伊尔答道，“一群飞马，那几条飞鱼，刚才外边那位阿拉伯朋友就像招呼表演的小狗一样吹了声口哨，叫走了那些飞鱼。”

“但是怎么可能呢？”老办事员爆发起来，仿佛这类事情有失体面似的。

“哦，它们不见了，”博伊尔简短地说，“破碎的碗就在这里，要想打开它需要很长时间，但是打碎它却只需一秒钟。然而鱼却不见了，天知道是怎么不见的，不过我想该问问我们那个朋友。”

“我们这是在浪费时间，”詹姆森心烦意乱地说，“我们应该立刻去追。”

“最好立刻报警，”博伊尔答道，“他们开着警车、通过电话联络应该一溜烟就追上他了，比我们穿着睡衣跑过村子可要快多了。不过，就怕有些东西连警车和电话都望尘莫及吧。”

当詹姆森在电话上焦躁不安地向警察局介绍情况时，博伊尔再次跑到阳台上，匆忙扫了一眼破晓时分灰白的街景。外面连一个人影都没有，那个包头巾的男人早已没了踪影，只能隐约察觉出蓝龙客栈有轻微的动静，但必须是火眼金睛才行。此刻，博伊尔似乎破天荒第一次具有了火眼金睛，清晰地意识到一直以来潜藏在他意识中的一种情形，那好比是淹没在意识中的事实，一直挣扎着要表现出自身的意义。事实很简单，那灰白的场景绝非彻头彻尾的灰白，而是夹杂着一星金光，那是乡村绿地另一边的某个房子里亮着的一盏灯——他脑子里有种非理性的东西告诉他，那盏灯亮了整整一夜，只是随着黎明的到来才暗淡下来。他掐算着那是谁家的房子，结果似乎与什么事对上了，但他又不知道是什么。不管怎样，那显然是伊冯·德·拉腊伯爵家的房子。

平纳督察带领几名警察赶来，迅速果断地做了几件事情。他意识到，那件昂贵的藏品因为太特别，很可能会成为各家报纸竞相报道的窃案。他检查了每样东西，测量了每样东西，录下了每个人的口供，取走了每个人的指纹，也把每个人都惹急了，最后却发现他面临一个连自己都无法相信的事实。一个来自沙漠的阿拉伯人走过公共道路，驻足在佩里格林·斯马特先生的门前。他家密室里收藏着一个人造金鱼碗；他随后开始唱歌或者吟诵了一首小诗，于是那碗就像炸弹一样爆炸了，而金鱼却没了踪影。有个外国伯爵像猫叫一样柔声细语地告诉他，人类的认知领域从此得以扩展了，但那丝毫不能让他感到任何宽慰。

实际上，那小圈子里每一个成员的态度都极具个人特点。佩里格林·斯马特本人第二天早上从伦敦回来就听说了自己遭受的损失。他自然是备感震惊，但随即就开始积极寻找而不是徒然伤悲，那正是这个活力四溢的小老头的典型特点，这也使他那昂首阔步的小身板看起来总是像只好斗的雄麻雀。那个哈默本来是专程赶到这里收购金鱼的，在了解到购买无望时有点恼火倒也有情可原。可实际上，他扎撒的大胡子和浓眉中流露出的怨气似乎另有所指，绝非单纯的失望，他两眼放光警觉地扫视众人，完全可以算作满腹狐疑的表现。那个脸色蜡黄的银行经理也从伦敦赶了回来，只不过乘坐的是晚一班的火车。他就像块磁铁，一直吸引着哈默不断转动的眼球中射出的犀利目光。至于原始小圈子里剩下的两位，布朗神父基本上沉默不语，除非有人上前搭话。而惶惑不安的哈托普即便有人找他说话也常常是三缄其口。

然而伯爵可不会白白放过任何一件显然能证明自己观点的事情。他微笑着面对他的理性对手，那个医生，一副心中知道如何通过谄媚讨好去惹人厌烦的表情。

“你得承认，医生，”他说，“至少你昨天还认为根本不可能的一些事在今天显得很现实了。一个衣衫褴褛的家伙，正如我描述过的那种，站在屋外说句话就能打碎屋里的固体容器，那或许就是我所说的精神力量对抗物质障碍的典型例证。”

“那或许也能算作我所说的，”医生尖锐地说，“一点科学知识就足以揭示那些把戏的底细。”

“你真的认为，医生，”斯马特有点兴奋地说，“你可以用科学来解释这种神秘现象吗?

“我可以解释伯爵所谓的神秘，”医生说，“因为它根本就不神秘。他所说的那部分再清楚不过了。声音只是某种振动波，如果某种特定的声音碰到某种特定的玻璃，某些振动波可以震碎玻璃。那个人并不是站在大路上想他所想，伯爵说什么那是东方人理想的交流方式，而是高声唱出了心中所想，同时还在乐器上弹出一种尖锐的音符。那跟很多击碎某种特殊质地的玻璃的实验相类似。”

“就像这种，”伯爵轻佻地说，“几块金子突然消失的实验一样。”

“平纳督察来了，”博伊尔说，“私下说一句，我认为他会觉得医生的科学解释跟伯爵的超自然解释一样玄乎。平纳先生爱动脑子，非常多疑，尤其是对我。我想我被怀疑了。”

“我想我们大家都被怀疑了。”伯爵说。

正因为博伊尔感到自己引起了怀疑，他才主动找到布朗神父寻求帮助。就在事发数小时之后，他们一同围着乡村绿地散步，神父一边聆听一边若有所思地皱着眉头，突然他停下了脚步。

“你发现了吗？”他问，“有人冲刷了这里的人行道，就是瓦尼上校屋子外面的这一小段。我想那是否是昨天冲洗的。”

布朗神父相当仔细地查看那栋房子，它又高又窄，装着一排排条纹遮阳帘，颜色很艳丽但已经有点褪色了。通过缝隙或者小孔可以瞥见昏暗的屋内。实际上，跟沐浴在朝阳中的金灿灿的外表相比，屋内几乎是一片漆黑。

“那是瓦尼上校的房子，是吗？”他问，“他也来自东方，我想。他是什么样的人呢？”

“我从没见过他。”博伊尔答道，“我想除了巴达克医生，没人见过他，而且我觉得医生也只是被叫到才会去。”

“哦，我要进去见见他。”布朗神父说。

那扇巨大的前门打开了，把身材矮小的神父吞了进去。他的朋友瞪大眼睛站在那里，一副恍恍惚惚、失魂落魄的神情，似乎在想那门是否还会再次打开。过了几分钟，门开了，布朗神父走了出来，依旧面带微笑，继续慢慢腾腾、怡然自得地走在环绕广场的路上。有时候他似乎把眼下的事完全抛到了九霄云外，因为他会就历史和社会问题或者那地区的发展前景随意点评几句。他谈论银行刚开始修的路所用的泥，他眺望古老的乡村绿地，露出神秘莫测的表情。

“公共用地，我想人们应该在上面放养猪啊鹅啊什么的，要是有猪或鹅的话。事实上，那上面除了荨麻和蓟之外什么都没有。本该成为一大片草场的地方却变成了一小片微不足道的荒地，真可惜。对面是巴达克医生的房子，是吗？”

“是的。”博伊尔答道，面对话题的突然转变他惊得几乎跳了起来。

“很好，”布朗神父说，“那样的话，我们要再次回屋去了。”

当他们打开斯马特家的前门走上楼梯时，博伊尔又叙述了一遍破晓时分上演的那场闹剧的很多细节。

“我猜想你没有再次睡着吧？”布朗神父问道，“那样的话，有人就能趁着詹姆森跑下去插门的空挡从阳台爬上来。”

“没有，”博伊尔答道，“我可以肯定。我醒来时听到詹姆森在阳台上跟陌生人叫板，然后我听到他跑下楼去上门闩，再然后我自己两步就跨到阳台上了。”

“另外，他有没有可能趁你俩不备从另一处溜进来呢？除了前门，还有没有别的入口？”

“显然没有。”博伊尔严肃地说。

“我最好确认一下，你觉得呢？”布朗神父不无歉意地问道，然后步伐轻快地又匆匆跑下了楼。博伊尔留在前面的卧室里，狐疑地盯着他的背影。过了一小会儿，那个浑圆的、相当纯朴的面孔再次出现在楼梯顶上，看起来好似一个咧嘴大笑的芜菁灯[①]。

---

① 芜菁灯：在爱尔兰人万圣节的传说中是南瓜灯的原型，后来因为爱尔兰人到了美洲以后发现南瓜更好用，才代替了芜菁。

“没有。我想入口的问题是搞清楚了。”那个芜菁灯欢快地说，“现在，我想，既然所有的事实都汇集在了一起，那我们就理一下这里面的头绪。这事还真有些蹊跷。”

“你觉得，”博伊尔问，“伯爵、上校或者这些东方旅人中的任何一位会跟此事有关吗？你认为这是——超自然的吗？”

“有一点我可以向你保证，”神父表情凝重地说，“如果伯爵、上校、或者你邻居中的任何一位乔装成阿拉伯人，摸黑爬上这栋房子——那才是超自然的。”

“你什么意思？为什么？”

“因为那个阿拉伯人没留下任何脚印，”布朗神父答道，“住在左右两旁的上校和银行家是你最近的邻居。如果光着脚走过你们和银行之间的那片红泥土，上面会留下脚印，就像印在石膏模型上一样，而且还会踩得到处都是红色的印记。我硬着头皮去找脾气暴躁的上校，总算确认了一件事，他家门前的人行道是昨天冲刷的，不是今天，那样它就非常潮湿，足以让沿路都留下湿脚印。而如果访客是对面房中的伯爵或者医生的话，那他或许，确切地说，当然得穿过公共用地。但他一定会发现光着脚极其不舒服，因为，正如我刚才所说的，那上面长满了荆棘、蓟和扎人的荨麻。他一定会扎着自己，没准还会留下足迹。除非，像你说的那样，他是超自然的生灵。”

博伊尔直勾勾地盯着他朋友那张凝重、让人不明所以的面孔。

“你是说他真是超自然的？”他终于开口问道。

“有一条普遍真理要铭记于心。”布朗神父停顿一下之后说道，“有时候一个东西离得太近反而不容易看见，譬如说，人就看不见自己。曾经有一个人透过望远镜往外看时，视线中有一个苍蝇，于是他就发现月亮上有一条相当不可思议的巨龙。还有人对我说，如果一个人听到自己的原声录音，会感觉那是陌生人的声音。同样，如果有种东西天天出现在我们眼皮底下，我们就会视而不见，如果哪天我们真的见到它了，没准会认为那很怪异。如果一件近景中的东西某天出现在中景，我们或许会认为它来自远景。咱们再去一下屋外。我要给你示范一下，从另外一个角度看会有什么不同。”

说话之间他已经站起来了，他们下楼梯时，神父的嘴也不停，好像是想到哪儿就直接说到哪儿。

“伯爵的故事和神秘的亚洲氛围全都起了作用，那是因为，在这种事例中，凡事都取决于一个人的思想准备。人可以进入到某种状态，会想当然地认为掉到他头上的一块砖是块镌刻着楔形文字的古巴比伦砖，是从巴比伦空中花园掉落的，因此他甚至都不看一眼那块砖。其实他要仔细看一眼，就会发现那跟他自家房上的砖一模一样。所以，你的情况——”

“这是怎么回事？”博伊尔打断他，两眼直勾勾地盯着入口处，并用手指着，“这到底是怎么回事？门又被闩上了。”

他盯着那个前门，他们可是刚从那里进来的啊！正如他说过的，当初闩住马厩门时为时已晚，而现在那巨大的锈铁闩再次闩住了门。那古老的门闩似乎隐含着某种阴暗、无声的讽刺，好像有意等他们进了门就自动合上，把他们关在屋内。

“哦，那个啊！”布朗神父不以为然地说，“那是我闩上的，就是刚才。你没听见吗？”

“没有。”博伊尔答道，他还在盯着看，“我什么都没听见。”

“哦，我想你也听不见，”对方平静地说，“楼上的人确实未必能听见上门闩的声音。那就是个挂钩，能轻易插进一种钩眼而已。要是你离得非常近，能听见一声沉闷的咔嗒声，但也仅此而已。想让楼上的人能听见，唯一的做法是这样。”

他把门闩从插口取出来，让它自然下落，便会哐当一声撞到门上。

“你打开门闩时的确会有声音，”布朗神父表情凝重地说，“即便你非常非常小心。”

“你的意思是——”

“我的意思是，”布朗神父说，“你在楼上听见的是詹姆森开门的声音，并非关门的声音。现在我们打开门，去外边吧。”

待到他们站在阳台下面的街道上，那个矮小的神父继续之前的解释，他表现的如此冷静沉着，好像在给人上一堂化学课。

“我刚才说过，一个人或许只会存心去远处寻找，而没有意识到要找的东西就在附近，就在他身边，或许还跟他本人很像。你从上面看这条路的时候，看到的是一个奇怪的、身着异国服装的人。我在想你压根就没考虑过，他往阳台上看的时候见到了什么。”

博伊尔正注视着阳台，没有作答，神父补充道：“你觉得一个阿拉伯人赤脚走过文明的英格兰实在太神奇、太疯狂了，但你却不记得那时候你自己也光着脚。”

博伊尔终于找到词儿了，却还是以前说过的话。

“詹姆森打开了门。”他机械地说。

“是的，”他的朋友附和道，“詹姆森打开了门，穿着睡衣来到了路上，那时你也正好去了阳台。他随手抓起两件你见过不下100次的东西：一截用来包头的蓝色旧窗帘，还有那件东方乐器，你在那堆东方古玩中一定见过不少次。余下的就是营造氛围和表演了，非常高明的表演，因为他在犯罪方面是个非常高明的艺术家。”

“詹姆森！”博伊尔大叫起来，简直不能相信，“他是那么乏味的一个老东西，我甚至都没注意过他。”

“正是。”神父说，“他是个艺术家。如果他能扮演六分钟巫师或者游吟诗人，你觉得他就不能扮演六周办事员吗？”

“我还是不太清楚他的目的。”博伊尔说。

“他的目的已经实现了，”布朗神父说，“或者说差点就实现了。他已经拿走了金鱼，当然，他有很多次机会那么做。但是如果他只是拿走那些金鱼，所有人都会意识到他有很多次机会那么做。他扮成来自天边的神秘魔术师，就能把每个人的思绪引到遥远的阿拉伯和印度，以至于连你自己都不相信整件事就发生在家门口。它离得太近，你反而看不见。”

“假如这是真的，”博伊尔说，“那可是相当冒险啊！他必须精确地算好时间。詹姆森在阳台上对着下面讲话的时候，我的确没听见街上那人回过一句话，所以我想那都是假的。并且，我想在我彻底醒过来、走到阳台之前他的确有时间走到外边去。”

“任何罪案得以成功实施的前提是，总有人不能及时识破它。”布朗神父答道，“从任何意义上说，我们大部分人都醒悟太晚。我就是醒悟太晚的一个。因为我想他早就逃掉了，就在他们取下他指纹前后。”

“不管怎么说，你比其他任何人醒悟得都早，”博伊尔说，“而我永远都不会有那种醒悟。詹姆森行事如此中规中矩，人又那么不起眼，以至于我都把他忘得干干净净了。”

“当心那个被你忘记的男人，”他的朋友答道，“他会是那个彻底陷你于不利境地的人。不过我也没有怀疑到他，直到你告诉我你是如何听见他把门闩上为止。”

“总之，我们多亏了你。”博伊尔由衷地说。

“你们多亏了鲁滨逊太太。”布朗神父微笑着说。

“鲁滨逊太太？”秘书惊讶地问道，“你说的不会是女管家吧？”

“当心被你忘记的女人，甚至要加倍小心。”对方答道，“詹姆森是个一流罪犯，他曾是个出色的演员，也因此是位杰出的心理学家。一个像伯爵那样的人除了自己的声音之外听不进任何别的声音。但这个人在你们所有人都忘记他的存在时却非常善于倾听，为他的冒险故事搜集恰当的素材，还明确知道奏响何种音符可以把你们大家引上歧途。但是他却犯了一个严重的错误，没能把握住女管家鲁滨逊太太的心理。”

“我不明白，”博伊尔答道，“她跟这事能有什么关系？”

“詹姆森没想到门会被闩上，”布朗神父说，“他知道有很多男人，尤其是像你和你的雇主那样马虎的男人，会一连唠叨好多天，空谈该做什么事，或者最好去做什么事。但是，要是你跟一个女人说该办什么事，总会有一种可怕的危险，她不定什么时候就把它办了。”

演员与不在场证明

芒登·曼德维尔先生是剧院的经理，他此时正匆匆穿过舞台幕后的通道，其实就是大幕下面的通道。他的穿着打扮既时髦又喜庆，甚至喜庆得有点过头了。他扣眼中别着的花很喜庆；他的靴子光可鉴人，看着也很喜庆，但他脸上可没有一点喜庆劲儿。他是个大块头，脖子老粗，眉毛浓黑，眼下他这两道眉毛比平时更显阴沉了。干他这一行的人，显然总是受到上百件烦心事的困扰，事无巨细，新旧俱全。他一走过堆着旧童话剧布景的通道就一肚子气，因为他才入行的时候，剧院里演出的都是非常流行的童话剧，他也赚了一笔，可后来他却禁不住别人的劝诱，押宝在更为严肃与古典的戏剧上，并为此花了一大笔钱。我们如果有机会一窥童年梦中的仙境，比如说《蓝胡子的蓝色宫殿》[①]的宝石蓝大门，或者是《黄金桔子树》中魔法果园[②]的一角，定会有一种返璞归真的感觉，但是这

---

① 蓝胡子：童话人物，家境富有，却为人残忍，连续杀害了自己的几任妻子。

② 这个场景取自法国童话《着魔的金丝雀》，童话的大致内容是讲一位王子在看到外国进贡来的桔子以后，想要娶一位拥有同样金黄色皮肤的女子为妻，于是历尽磨难找到了长着金桔树的魔法果园，并解救了被变成金丝雀的金皮肤公主，最终娶她为妻。

可没法宽慰曼德维尔先生，况且这些靠在墙边的布景已经挂满了蛛网或是被耗子咬出了窟窿。他现在没时间为赔钱的事抹眼泪，更不会去神游小飞侠彼得·潘的乐园。有人急着叫他去处理实际的问题，不是陈年旧事而是当下的麻烦。这种事在鲜为人知的幕后世界里司空见惯，但事态严重，必须认真对待。年轻的意大利裔天才演员马罗尼小姐在新戏里要饰演一个重要角色，这部戏当天下午要排练，当晚就要公演，可在这个节骨眼儿上，她却突然大发脾气，说什么也不演了。自打出事以后，他还没见过这个能把人气死的女士，看这架势，他大概也没法见到她，因为女演员把自己反锁在化妆间里，任由外面闹翻了天她也不理不睬。芒登·曼德维尔先生这个地道的英国人对此并不感到奇怪，他小声嘟囔着：外国佬都是疯子。可是他有幸生活在地球上唯一保有理智的岛国上这个事实，与对魔法果园的记忆一样，都不能令他获得丝毫慰藉。这一切，可能还不止这些，都够烦人的，不过一个细心的旁观者可能会感觉出曼德维尔先生有什么地方不对劲，不止是心烦意乱那么简单。

如果一个富态又健康的人能显得憔悴不堪，那么他现在就是这副模样。他面容饱满，但眼窝深陷。他嘴唇不停抽搐，好像想要咬住那一撇黑色的唇须，却差了一截，老是咬不着。他就像个初试毒品的人，但是即便这种假设成立，他也让人觉得有理由这么做，而且引发悲剧的不是毒品，是悲剧引来了毒品。不管他内心深处的秘密是什么，那似乎就藏在这条幽长通道阴暗的尽头，那里是他小办公室的入口，而他走在空荡荡的过道上时，时不时要紧张地回头张望。

但是，生意要紧，他走向通道相反的一端，冲着马罗尼小姐避世的没有窗子的绿色大门而去。一群演员和其他相关人员早就站在门口了，他们聚在那里议论纷纷，有人甚至异想天开，考虑是否要动用攻城槌。这群人中间，有一个家喻户晓的人物，许多人家的壁炉台上都摆着他的照片，或者在相册中收藏着他的签名照。尽管诺曼·奈特在戏中扮演的英雄人物有点粗俗、老套，而且只能算是第一男配角，但有一点是肯定的，他将来一定会取得更大的成功。他相貌英俊，宽大的下巴中间有道凹缝，淡黄色的头发垂在额前，令他与暴君尼禄有几分神似，但他的模样与他毛毛躁躁的举止却不大般配。拉尔夫·兰德尔也在人群中，他通常扮演上年纪的角色，他有张滑稽的瓦刀脸，刮净的脸泛着青，油彩盖住了原本的肤色。人群里还有曼德维尔的第二男配角，狄更斯在《我们共同的朋友》中描绘的传统形象在他身上还未消失，一头乌黑的卷发，犹太人似的外表，这个年轻人叫奥布里·弗农。

曼德维尔太太的女仆兼化妆师也在那里，她长得很是壮实，有一头密实的红发和一副僵硬木呆的表情。曼德维尔太太本人自然也在场，她默不作声地站在人群中，脸色苍白，又有一点病恹恹的，不过面部的线条却不失古典式的对称与肃穆，只是在她灰白色眸子的映衬下，脸庞愈发显得缺少血色。她淡黄色的头发用两条朴素的带子束起来，仿佛古色古香的圣母像。并非每个人都清楚她曾经红极一时，成功出演过易卜生[①]以及其他一些受知识分子看重的戏剧。但是她的丈夫对反映社会问题的戏剧没兴

① 易卜生：挪威剧作家、诗人，被公认为现代戏剧之父，代表作包括《玩偶之家》、《人民公敌》等。

趣，特别是眼下，对他来说，当务之急是怎样才能把那位外国女演员从紧锁的房里哄出来，也许要用到与《消失的女士》[1]中相反的把戏把她变出来吧。

“她还没出来吗？”他询问道，从口气上可以听出来，他不是在对他太太，而是在对太太的随从讲话。

“没有，先生。”那女人——大家都叫她桑兹夫人——黯然答道。

“我们都开始有些担心了，”老兰德尔说，“她似乎有一点精神错乱，我们都怕她会做出伤害自己的事。”

“见鬼！”曼德维尔简单粗暴地说，“这消息传出去准能轰动，但是我们不需要用这种方式大作宣传。这里有她的朋友没有？有没有人能劝得动她？”

“贾维斯认为只有她信任的神父才能劝住她，那人就在附近。”兰德尔说，“趁着她还没在衣帽架上吊死自己，我真希望神父最好快点赶过来。贾维斯去找他了……而且，实际上，他已经来了。”

又有两个人影出现在这个隐蔽在舞台下的通道里：走在前面的是阿什顿·贾维斯，他是个爱开玩笑的家伙，通常演反派角色，不过他这份高尚的职业暂时让给了长着犹太式大鼻子的卷发年轻人。另一个身形矮小，长得很敦实，从头到脚裹着一身黑，他就是来自附近教堂的布朗神父。

找他来是为了弄明白他的一位教民何以有如此怪异的举动，看看她究

① 《消失的女士》：法国人乔治·梅里爱于1896年拍摄的一段电影短片，用剪辑的手法在电影中完成了一次让一位女士凭空消失的魔术。

竟是害群之马还是迷途羔羊。对这个要求，布朗神父应承得轻松自然，甚至有点漫不经心。不过他对人们关于她可能要自杀的说法不以为然。

“我想她这样发脾气总是有原因的，”他说，“有人知道是为什么吗？”

“我想，她是对角色不满意。”老演员说。

“他们总是这样，”芒登·曼德维尔大声咆哮，“我以为我太太会办好角色分配的事。”

“我只能说，”芒登·曼德维尔太太有气无力地说，“我分给她的角色可能是最好的了。那是一位美丽的女主人公，她要在鲜花与喝彩声中走过长廊，嫁给年轻英俊的男主角，但凡渴望上台的小姑娘都会求之不得呢！难道不是吗？像我这种年纪的女人就只能退而求其次，演个年纪大一些、可敬的主妇，我可是小心翼翼地避免抢了她的风头。”

“不管怎么说，到了这个节骨眼上更换角色，极不妥当。”兰德尔说。

“想都甭想！”诺曼·奈特声明道，“要知道，那样我可没法演——再说了，确实来不及了。”

布朗神父凑到门前，附耳倾听。

“里面不会没声音了吧？”经理焦躁不安地问。然后又压低声音补充说：“你说她不是在里面寻了短见吧？”

“里面有种声音，”布朗神父冷静地回答，“我估计那是她砸窗户或者镜子的声音，很可能是在用脚踹。没事的，我不认为她有寻短见的危险，把镜子踢破不能算是自杀的前兆。如果她是个德国人，躲起来静静地思考形而上学或者悲观主义哲学，那么我一定会不顾一切撞开这扇门。意大利人可没那么容易寻死，他们在生气的时候不会拿自己开刀。说不定——是的，很可能——其他人倒是需要多加留心，说不定她什么时候就会冲出来。”

“这么说，你认为没必要把门撞开？”曼德维尔问。

“你要是还指望她上台，就别那么做。”布朗神父回应道，“你要是那样做了，她准会吵翻天，然后扭头就走。你们不理她——说不定她反倒会出于好奇跑出来。如果我是你，我就会只留一个人在这儿，算是给她看门吧，然后等上个一两个小时也就没事儿了。”

“那样的话，”曼德维尔说，“我们只能先排演她不出场的部分。我太太会安排好眼下需要的舞台布景。不过还好，这第四幕才是重头戏。你最好继续想办法让她出来。”

“这次排演不用换戏服。”曼德维尔的夫人对其他人说。

“太好了！”奈特说，“不用换戏服。这些可恶的戏服精美归精美，就是穿戴起来太麻烦。”

“你们要演什么戏？”神父有点好奇地问。

“《造谣学校》[①]，”曼德维尔说，“挺有文学性，不过我想要的是戏剧性。我太太就喜欢她所谓的经典喜剧。可是净顾着经典了，不是那么逗乐。”

---

① 《造谣学校》：英国18世纪著名喜剧作家谢立丹的作品。该剧描写了一群无所事事的贵族人士，整日聚在一起以造谣中伤为乐，破坏他人的名誉与家庭幸福。该剧的主要人物是一对兄弟，哥哥约瑟夫表面上知书达理，实为伪君子；弟弟查尔斯纵情享乐，却心地善良。

就在这时，给剧院看门的老人颤颤巍巍走了过来。他叫山姆，剧院打烊后只有他会住在里面。他来到经理面前，递过一张名片，说是米丽娅姆·马登女士要见他。他转身离开了，而布朗神父却眨巴着眼睛朝着经理太太那边望了一小会儿，发现她苍白的脸上露出一丝笑容，不过那可不是开心的笑容。

布朗神父与叫他来的人一起走开了，对方恰好是他的朋友，又是个有相同信仰的人，演员中信教的人为数不少。然而，在他离开的时候，他听到曼德维尔太太低声吩咐桑兹夫人，叫她在紧闭的门旁守着。

“曼德维尔太太似乎是个很有头脑的女人，”神父对他的同伴说，“尽管她刻意收敛，不显山露水。”

“她曾经是个很出色的知识女性，”贾维斯惋惜地说，“有人说，她嫁给曼德维尔这样的暴发户是荒废了她的才华。你要知道，她对戏剧可是抱有崇高理想的。但是，当然了，她很少有机会让她的夫君从那样的角度看问题。你知道吗？她丈夫居然想让这样一位女士在童话剧里演一个小男孩。他承认自己的太太演技出色，但说演童话剧挣得更多。从这一点上你就能掂量出她丈夫在洞察力与敏感度上的水平。但是她却从不抱怨。她有次对我说：‘抱怨终究会从世界的尽头反射回来，而沉默却能使我们坚强。’要是她嫁给了一个能理解她想法的男人，她会成为当代的伟大演员。实际上，有品位的评论家们仍然对她抱有期待。可惜，她却嫁给了那么个人。”

贾维斯指了指曼德维尔黑魆魆的巨大身影，此刻他正背对着他们，和招呼他到前厅的女士谈话。米丽娅姆女士身材高挑，举止优雅，但略显慵倦。她装扮的样式是最近才开始流行的，大体上以埃及木乃伊为原型，令她显得很端庄。修剪得很薄的黑发见棱见角，像是戴着顶头盔；嘴唇涂着浓艳的口红，异常显眼，轻蔑的神情就这样定格在她脸上。她的同伴是个异常活泼的女士，面孔丑得令人印象深刻，头发上还扑着粉，全成了灰白色。她是特蕾莎·塔尔博特小姐，一说起话来就没完没了，而她的伙伴似乎累得连嘴都懒得张了。不过，恰好在演员与神父走过去的时候，米丽娅姆女士总算打起精神开了口：“戏剧太无聊了，不过我还真没看过不穿戏服的排演。说不定那会有趣一些。不知为什么，这年头，总是找不出没见识过的新鲜事。”

“现在，曼德维尔先生，”塔尔博特小姐兴奋地一个劲儿拍他的胳膊，“你可要让我们看看排演。我们今晚来不成了，也不太想那时候才来。我们就想看看一群丑角穿着不合身份的服装演戏。”

“当然可以，如果你们愿意的话，我可以为你们提供一间包厢，”曼德维尔连忙说，“二位女士请这边走。”于是经理领着她们走进另一条通道。

“我很好奇，”贾维斯若有所思地说，“是否曼德维尔也喜欢那种女人。”

“那么，”他的教士同伴问道，“你有什么理由认为曼德维尔真的喜欢她？”

贾维斯盯着他看了一会儿才答话。

“曼德维尔是一个谜。”他严肃地说，“呃，没错，我知道他外表看着和皮卡迪利大街上随处可见的普通人没什么两样。尽管如此，他真的藏着秘密。他心里有鬼，一直生活在阴影中。不知道是否因为他有不可告人的秘密，才会冷落妻子，逢场作戏地去与人调情。要是那样的话，事情就不是眼见的那么简单了。事实上，我恰巧比其他人了解得多一点，当然这纯属偶然。但是就算知道那些事，我也想不出个所以然，只能说是个谜。”

他环视前厅，确认周围没其他人，才压低声音补充说：“我倒是可以和你说说，因为我知道你是守口如瓶的那种人，就像是一座沉默的塔楼一样。有一天我碰到一件怪事，让我很震惊，从那天以后已经有好多次了。你知道吧，曼德维尔总是在通道尽头的小房间里工作，就在舞台下面。在大家都认为里面只有他一个人的时候，我不止一次路过那里。另外，我又刚好知道剧团里的女士们，以及所有可能和他有牵连的女人，当时不是不在场，就是在平常的岗位上。”

“所有的女人？”布朗神父好奇地问道。

“另有一个女人和他在一起，”贾维斯几乎是在耳语，“有个女人总去找他，我们都不认识的一个女人。我甚至都不知道她是怎么进来的，因为没有人经过通道到经理的门前去。但是有一天黄昏的时候，我好像见过一个人蒙着面纱或是披着斗篷，从剧场后门出来，像幽灵一样消失了。但是她肯定不是幽灵，而且我根本不相信这只是一般的男女私情。我想这不是偷情，而是勒索。”

“你怎么会这样想？”另一位问。

“因为，”贾维斯说着，表情从严肃变成了冷酷，“我曾经听到过似乎是吵架的声音，后来听到那个陌生女人冷冰冰地威胁着说：‘我是你妻子。’”

“你认为他犯了重婚罪？”布朗神父思忖道，“当然，重婚与勒索往往联系在一起。不过她有可能是勒索，也有可能是在唬人。或许她疯了。这些戏剧圈里的人总会招惹偏执狂的纠缠。你也许是对的，只是我不该急于下结论……说到戏剧圈子，排练就要开始了吧，你不是个演员吗？”

“那一幕没有我的戏份，”贾维斯笑着说，“你知道的，在你的意大利朋友恢复理智以前，他们只能排演那一幕。”

“说起我的意大利朋友，”神父说道，“我想看看她有没有冷静下来。”

“你愿意的话，咱们一起回去看看。”贾维斯说。于是他们再次回到舞台下方狭长的通道中，那里一头是曼德维尔的办公室，另一头是马罗尼女士紧闭的房门。门似乎还关着，桑兹夫人严肃地坐在门外，像座木雕一样一动不动。

他们在靠近通道另一端的地方，恰好看到几个要排练的演员上楼梯，去往正好在上方的舞台。弗农和老兰德尔走在前头，快步跑上台阶；曼德维尔太太的动作相对迟缓，保持着端庄、高贵的姿态；而诺曼·奈特似乎有意放慢脚步，看样子是要跟她说话。神父和贾维斯经过时，无心偷听，但有几句对话还是飘到了耳朵里。

“我告诉你，有个女人来找他。”奈特怒气冲冲地说。

“嘘！”女士的声音悦耳，但柔中有刚，“你不该说这种话。记住，他是我丈夫。”

“但愿我能忘了这事！”奈特说着，便跑上阶梯，去了舞台。

女士走在他后面，依然气定神闲，前去扮演自己的角色。

“别人也知道这事了，”神父平静地说，“但我感觉这跟我们似乎无关。”

“是啊！”贾维斯咕哝道，“看来每个人都知道了，不过没人明白到底怎么回事。”

他们来到通道的另一端，那名死板的随从就坐在意大利人的门外。

“没有，她还没出来，”女人一脸阴沉地说，“她的小命还在，因为我时不时就听到她来回走动的声音。我不晓得她在耍什么花样。”

“女士，你是否知道，”布朗神父问话时很客气，但又略显生硬，“曼德维尔先生眼下在哪儿？”

“知道。”她当即答道，“一两分钟之前，我见他进了通道那一头的小房间，就在报幕员开口说话和大幕拉起之前——肯定还在那里，我没见他出来。”

“你是说，他的办公室没有别的门，”布朗神父随口说道，“好吧，我想，就算意大利小姐还在生闷气，排演已经全面开始了。”

“没错。”一阵安静过后，贾维斯说，“我从这里能听到舞台上的声音。老兰德尔有一副好嗓子。”

那一刻，他俩全都摆出侧耳倾听的姿势，隐约能听到舞台上演员低沉宏亮的声音飘下楼梯，穿过通道。在他们重新开始交谈或者恢复常态之前，另一个声音钻进了他们的耳朵里。那个声音沉闷，但明显是重重的撞击声，是从芒登·曼德维尔私人房间紧闭的门后传出来的。

布朗神父像离弦的箭一般冲过通道，使劲拧门把手，贾维斯打了个激灵，也醒悟过来，赶紧跟了过去。

“门锁上了，”神父转过有些发白的脸说，“我现在坚决支持把门撞开。”

“你是说，”贾维斯失魂落魄地问，“身份不明的访客又进去了？你这话当真？”片刻之后，他补充说：“我或许能拨开门栓，我知道这些门是怎么锁上的。”

他掏出一把钢刃很长的折叠刀，跪在门边鼓捣了一会儿，经理办公室的门敞开了。他们一进门就注意到，屋里没别的门，甚至都没窗户，全靠桌上的一盏电灯照明。但准确地说，真正首先映入他们眼帘的不是那些，因为在那之前，他们见到曼德维尔面朝下趴在屋子正中间，鲜血从他的脸下面溢出，仿佛一窝猩红色的毒蛇在匍匐而行，在幽闭空间昏暗的灯光下闪着邪恶的光芒。

两人面面相觑，不知过了多久，贾维斯终于开口了，像是实在憋不住的样子，一口气吐了出来：“如果陌生人以某种方式进来过，她又以同样的方式跑了。”

“或许我们太过于纠结陌生人的事了。”布朗神父说，“这座怪异的剧场里蹊跷事太多了，你自然会忽略一些事。”

“怎么了，你指的是什么？”他的朋友马上问道。

“有很多啊！”神父说，“比如说，还有另外一扇紧闭的门。”

“可那扇门还锁着呀！”贾维斯瞪着眼大喊。

“可你还忘了有这回事。”布朗神父说。片刻之后，他像是经过深思熟虑地说：“桑兹夫人是个典型的坏脾气又总是闷闷不乐的人。”

“你是说，”另一位小声问，“她在撒谎，那个意大利人已经出来了？”

“不是。”神父冷静地说，“我只是说这客观地反映出了一个人的性格。”

“你总不会说，”演员惊呼道，“是桑兹夫人干的吧？”

“我是说反映出的不是她的性格。”布朗神父说。

就在他们做着这种让人摸不着头脑的交流时，布朗神父已经跪下身，确认那人已经彻底没救了。就在尸体边上，有一把演戏用的匕首，不过站在门口是没法一眼就看到的。看它掉在地上的样子像是从伤口上脱落，或是杀手失手丢在了那里。贾维斯认出了它，据他说，就算等刑侦专家来提取指纹，也不会有什么用。那是把道具匕首，也就是说，它不属于任何人，它在剧团中已经流传了很长时间，每个人都可能拿过它。然后神父站起身，认真地扫视着房间。

“我们必须派人去叫警察，”他说，“还要找个医生，尽管为时已晚。顺便说一句，从这个房间来看，我真想不出咱们的意大利朋友是怎么做到的。”

“那个意大利人！”他的朋友大喊，“我可不认为是她干的。要说谁有不在场证明的话，我想非她莫属了。分开的两个房间，都上了锁，又分别在一条狭长通道的两端，而且还有个证人一直守在那里。”

“不对，”布朗神父说，“并不尽然。难就难在她是怎么从这边进来的。我想她可能已经从那边出去了。”

“怎么会呢？”另一人问。

“我告诉过你们，”布朗神父说，“她好像是在砸玻璃——不管是镜子还是窗户。我真是太蠢了，明明知道的事就是想不起来。她是个非常迷信的人，她不可能打碎镜子，因此我推断她砸破了窗户。这里确实都是在地下，但是应该在某处有天窗之类的开口。可是这里看不出有那种东西。”他聚精会神地盯着天花板找了好一阵子。

突然间，他又恢复了生气。“我们必须去楼上打个电话，并且把这事告诉所有的人。这实在太痛苦了……我的主啊！你能听到吗？楼上那群演员还在大呼小叫吗？排演还在继续呢！我估计这就是他们所谓的悲剧性讽刺。”

这间剧院命中注定要变成灵堂，这也是个机会，让演员们可以展示他们身上以及这个行业中蕴含的众多真实的美德。正如人们常说的那样，他们的表现的确有绅士风度，而不只是在演戏。虽然并不是人人都喜欢并信任曼德维尔，但他们明白在这种场合该说些什么。他们对经理的遗孀不仅表现出同情，更是想要安慰她。她在这一幕不一样的新戏里，成了悲剧的女主角——她最轻微的言辞都被视为法律。当她带着悲伤缓步前行时，其他人都甘愿为她忙前跑后。

“她一直都很坚强，”老兰德尔声音嘶哑着说，“而且她比我们这些人都有头脑。当然，可怜的曼德维尔在学历和很多方面都不如她，但她一直都尽心尽职，做得非常出色。有时她会提起真想过上文化人的生活，一想起她说这话的样子，就让人伤心。但是曼德维尔——算了，就像人们说的，人死莫言过。”然后老人摇头叹气地走开了。

“没错，人死莫言过，”贾维斯冷冷地说，“我想兰德尔应该从来没听过陌生女访客的故事。顺便问一句，你不认为这就是那个陌生女人干的吗？”

“那要看，”神父说，“你说的陌生女人指的是谁。”

“噢！我指的不是那个意大利女人，”贾维斯连忙辩白，“不过，说实在的，你对她的推测倒也完全正确。他们进了房间发现，已经人去屋空了，只看到被砸破的天窗。但是以警察到目前为止的发现来看，她只是回家了，并没有伤害任何人。不，我指的是那个与经理秘密会面并且要挟他的女人，也就是声称是他妻子的那个女人。你觉得她真是经理的妻子吗？”

“有可能，”布朗神父说着，目光变得茫然空洞，“她真是经理的妻子。”

“我们可以认为经理的重婚引起了她的嫉妒，这就是作案动机，”贾维斯回应说，“而且死者也没有遭到抢劫。没必要调查手脚不干净的仆人或是一文不名的演员了。可是既然如此，你有没有注意到这案子的诡异之处？”

“我已经注意到了好几样怪事，”布朗神父说，“你指的是哪一件？”

“我指的是集体不在场的证明，”贾维斯严肃地说，“这种情况可不常见，整个剧团都有像这样公开的不在场证明。大家全在灯火通明的舞台上，可以相互作证不在现场。我们的朋友们应该感到庆幸的是，可怜的曼德维尔安排了两位不明就里的社会女性在包厢中观看排练。她们可以证明，整幕戏没有停顿，演员们一直都在台上。曼德维尔最后被人看到进入房间时，排练早就开始了。在你我发现他的尸体以后，他们还继续演了至少有五到十分钟。而且，又是个幸运的巧合，就在我们听到经理倒下的声音时，所有角色都正好在舞台上。”

“是的，这确实很重要，也让一切都更简单明了。”布朗神父点头称是，“我们来清点一下有不在场证明的人。先是兰德尔：尽管他刚才很好地掩饰了自己的感情，我还是能想象得出兰德尔有多恨经理。但是他被排除了，因为我们当时听到台上传来的雷鸣般的吼声就是他发出的。接着是我们年轻的男主角奈特先生：我有足够的理由认定他爱着曼德维尔的妻子，而且也没有刻意去掩饰这份感情，但他也被排除了，因为他当时也在舞台上，承受着兰德尔的责骂。然后是奥布里·弗农，一个和蔼可亲的犹太人，他同样被排除了。再就是曼德维尔太太，她也被排除了。如你所说，他们的集体不在场证明，主要来自包厢里的米丽娅姆女士和她的朋友，不过，这幕戏是一气呵成的，剧院的例行安排也没有被打断过，这算是公认的常识性确证。然而，法律上的目击证人是米丽娅姆女士与她的朋友塔尔博特小姐。我估计你确定她们都没问题吧？”

“米丽娅姆女士？”贾维斯吃惊地说，“噢，是的……我想你是看她像个妖妇。你可不知道这年头即使是大家闺秀都打扮成什么样。另外，你质疑她们的证明有什么特别的理由吗？”

“没什么特别的，只是这将使我们陷入困境。”布朗神父说，“难道你没发现？这个集体不在场证明涵盖了每一个人。当时剧场里的演员只有那四位，除了守着剧场唯一入口的老山姆和守在马罗尼小姐门口的女人，这里再也没有其他仆人了。有可能作案的人就只剩下你和我了。我们当然可能受到犯罪指控，尤其是我们还发现了尸体。看起来也没别的人可指控了。我想，你总不会趁我不注意把他杀了吧？”

贾维斯不由得一动，抬起头，愣了一会儿，随后他咧开嘴，黝黑的脸庞上又浮现出笑容。他摇了摇头。

“不是你干的，”布朗神父说，“那么为了方便讨论，我们不妨假设也不是我干的。舞台上的人被排除了，那就只剩下闭门不出的意大利小姐，还有她门前的哨兵，再有就是老山姆。或者你是否觉着包厢里的两位女士也该算在内？她们当然有可能溜出包厢。”

“不，”贾维斯说，“我觉得该算上那个跑来说自己是曼德维尔妻子的神秘女人。”

“说不定她就是他妻子。”神父说。这一次，神父沉稳的话音中似乎有什么刺激了他的同伴，只见他霍地站了起来，隔着桌子探过身。

“我们是不是可以说，”他压低了声音急切地说，“第一任妻子嫉妒另一个妻子？”

“不。”布朗神父说，“她也许会嫉妒那个意大利女孩，或许也会嫉妒米丽娅姆·马登女士。但她并不嫉妒另一位妻子。”

“为什么不呢？”

“因为不存在另一位妻子，”布朗神父说，“依我看，曼德维尔先生不仅没犯重婚罪，而且是个用情十分专一的人。他的妻子对他太重要了，重要到你们都想当然地错看了她。但是我搞不懂她是怎么去到他身边下手杀他的，因为我们都认同她一直在脚灯前表演，而且演的是一个重要角色，这太……”

“你真的以为，”贾维斯大喊道，“像幽灵一样纠缠经理的陌生女人就是我们都认识的曼德维尔太太？”但是他没有得到回答，因为布朗神父两眼发直，面无表情像个呆子。他最为呆头呆脑的时刻也是他最充满智慧的时刻。

下一刻，他匆忙起身，显得既疲倦又焦虑。“太可怕了！”他说，“我不清楚这是不是我碰到过的最糟糕的案子，我一定要把它查清楚。你能不能去问一下曼德维尔太太，我能否私下和她谈谈？”

“噢，当然了。”贾维斯边说边转向房门，“你到底是怎么了？”

“只是恨自己天生愚钝罢了！”布朗神父说，“这在充满苦难的尘世间是很常见的抱怨。我傻到居然忘了那出戏是《造谣学校》。”

他烦躁不安地在房间里走来走去，直到贾维斯又出现在门口，脸色异样甚至有些惊恐。

“到处都找不着她，”他说，“好像谁都没见着她。”

“他们也没见着诺曼·奈特，对不对？”布朗神父冷淡地问，“也好，省去了可能是我此生最为痛苦的一次面谈。感谢天主的恩典，我几乎要对那女人感到害怕了。不过，她也怕我，怕我的所见所言。奈特一直求着她与自己私奔。现在她照办了，我真为奈特感到难过。”

“为他难过？”贾维斯询问说。

“对啊，与谋杀犯私奔可不是什么美事。”另一位不动感情地说，“但实际上，她的罪过比谋杀还要严重。”

“那又是什么？”

“一个利己主义者，”布朗神父说，“她那种人宁可对着镜子顾影自怜，也不肯望一望窗外的风景，这是人世间最大的灾难。镜子给她带来了恶运，但她的恶运却是源于镜子没有被打破。”

“我听不懂你到底在说什么，”贾维斯说，“每个人都认为她是个有崇高理想的人，几乎达到了一个超越我们所有人的精神境界……”

“她给自己塑造了一个光辉的形象，”另一个说，“也知道如何对每个人催眠，让他们相信这个形象。也许我认识她的时间还不够长，不足以让我受到她的蛊惑。但是我见到她之后没多久，我就知道她是什么人了。”

“哦，得了吧！”贾维斯大叫，“我敢肯定她很善待那个意大利人。”

“她的行为一直都是美好的，”另一位说，“我见过的每个人都对她赞不绝口，说她文雅、敏锐，而且精神境界远高于可怜的曼德维尔。但是在我看来，所有她这些敏锐与精神性的特质都让他们昏了头，只能得出一个结论，她确实是个淑女，而她丈夫确实不是个绅士。可是，你知道吗，我从来都不是很肯定，天堂的守门人圣彼得会把这一套当作衡量人是否有资格升入天国的唯一标准。”

“此外，”他继续说道，人也更为活跃了，“当我听到她的第一句话时，我就觉得她没有真正善待那个可怜的意大利人，她的好意是通过冷冰冰的慷慨表现出来的。等我知道那出戏是《造谣学校》时，我就全明白了。”

“你说的太快，我有点跟不上了，”贾维斯有些困惑地说，“跟演哪出戏有什么关系吗？”

“好吧，”神父说，“她说过她让那女孩扮演美丽的女主人公，而自己退居其后演一个年岁大一些的女监护人。这个说法几乎适用于任何一出戏，但在这一出特别的戏里，则是歪曲事实。她的意思只能是，她提供给另一位女演员的角色是玛利亚[1]，那几乎算不上是个角色。而那位无足轻重、不出风头的已婚女士的角色，恕我直言，肯定是梯泽尔太太[2]，在这出戏里，她是任何女演员都想演的角色。如果那个意大利人真是一流演员，并事先得到承诺让她出演一流角色，那么她大发雷霆的理由，或者至少是原因就很清楚了。一般来说，意大利人的狂怒不是无缘无故的：拉丁人是讲逻辑的，发怒总会有理由。这件小事给了我启示，明白了曼德维尔太太所谓的慷慨。另外，还有一件事，我说桑兹夫人阴沉的相貌是其性格的反映，你当时还笑话我，其实反映出的不是桑兹夫人的性格，可这是真的。要是你想了解一位女士的真实面目，别在她身上找，因为你可能不够聪明，看不穿她的伪装。也别从她周围的男士那里找线索，因为他们也许都被她愚弄了。但是你可以去看一看总是在她身边的其他女士，尤其是她的下人。从那里你会发现她的真实面目，而从桑兹夫人那里映照出来的是一张丑陋的脸。

"她还给人留有许多其他的印象，又该如何解释呢？我听了不少说法，都说可怜的老曼德维尔与她不般配，都说老经理配不上她，我敢肯定这些都是间接从她那边传出来的。即使这样，谣言终究会露馅。很明显，大家都说听过她的倾诉，说自己在精神上感到多么困惑和孤独。你亲口说过她从不抱怨，并且引用她的话，说她如何默默地承受，使她的灵魂变得

---

① 玛利亚：《造谣学校》剧中的人物。她是梯泽尔爵士的被监护人，爱慕查尔斯，却受到家人的阻挠，约瑟夫觊觎梯泽尔爵士的财产，对她展开追求，但是玛利亚在剧中的戏份有限。

② 梯泽尔太太：《造谣学校》剧中的人物。她本是个淳朴的农家女，但嫁入豪门后，在上流社会这间"造谣学校"中，迅速沾染上各种不良习气，又与约瑟夫关系暧昧，是贯穿全剧的重要人物。

坚强，这是值得注意的，这种风格明确无误。喜欢抱怨的人其实是快乐的，只不过从天主教的角度看有一些人性上的小缺点，我倒是对他们并不介意。但是那些标榜自己从不抱怨的人就像魔鬼一样，他们真的很邪恶，就好比表面上自诩清心寡欲，本质上却在搞拜伦式的撒旦崇拜，难道不是这样吗？她的事我都听说了，但我从来没听到过值得她抱怨的任何事。之前没有人提到她丈夫酗酒，或者虐待她，或者不给她生活费，更不用说不忠的行为，直到出现了秘密会面的传言，其实那不过是她的一种戏剧化的癖好，在他办公室里用一种夫妻间的方式纠缠他。如果有人只看事实，不去理会她四处诉苦，刻意营造受苦受难的印象，就会发现实际情况完全相反。为了取悦妻子，曼德维尔不惜放弃赚钱的童话剧；为了哄妻子开心，他在古典戏剧上赔了不少钱。曼德维尔太太可以任意安排布景与家具。她想要演出谢立丹的戏剧，她如愿以偿；她想得到梯泽尔太太这个角色，她也得到了满足；她在那时提出不穿戏服排演，她也实现了。今天这一连串不寻常的事件说不定正是她所期望的。”

“可是你这一番长篇大论又能证明什么呢？”演员问，他还从没听自己的教士朋友发表过如此宏论，“我们在这里探讨的心理学问题似乎与谋杀的事离题千里了。她可能和奈特私奔了，她可能愚弄了兰德尔，她也可能愚弄了我。可她还是没法杀害她丈夫——每个人都确信她在整幕戏中都在舞台上。她或许是个坏女人，但她又不是女巫。”

“呃，我可不那么确定，”布朗神父微笑着说，“但是在这个案子里，她不需要施展巫术。我现在知道确实是她干的，手法真的很简单。”

“你凭什么这么肯定？”贾维斯满脸困惑地问。

“因为这出戏是《造谣学校》，”布朗神父回答说，“而且排演的是其中特定的一幕。我要提醒你，我刚才说过，她可以随意选择家具的摆放方式。我还要提醒你，这个舞台是为了上演童话剧而建的，那上面自然少不了暗门与密道之类的。你说证人们可以证实她们看到所有的演出者都在台上。我要再次提醒你，在《造谣学校》最重要的一幕中，一位主要演员要在台上待很久，但没人能看到。从技术上讲，她‘在’舞台上，但实际上她又‘不在’。这就是梯泽尔太太的屏风与曼德维尔太太的不在场证明。①”

一阵沉寂过后，演员说：“你认为她躲在屏风后面，钻过暗门，去了舞台下面，也就是经理室里？”

“她一定是以某种方式离开的，而那是最可行的方式。”对方说，“我想，这种可能性很大，因为她可以利用便服排演这个机会，她甚至刻意作出了这种安排。这只是一个猜测，但是我可以想象，要是穿上戏服去排演的话，想穿着18世纪带裙撑的裙子穿过暗门要困难得多。当然，还有其他一些小麻烦，不过我想它们都已被逐个解决了。”

“还有一个重要的问题我想不明白，”贾维斯说着，一边哀叹一边用手托着脑袋。“我只是无法相信，那么光彩照人又宁静祥和的人会有如此不端的行为，可以这样说，她在道德上是无可指摘的。她有那么强烈的动机吗？她就那么爱奈特吗？”

---

① 在《造谣学校》的最后一幕中，梯泽尔太太到约瑟夫家的书房与他幽会，期间梯泽尔爵士不期而至，她匆忙躲到书房中的一架屏风后面，一直藏到后来被约瑟夫的弟弟查尔斯揭穿，她只好对丈夫坦承了自己的过失，同时也揭露了约瑟夫的虚伪。

“我希望是那样，”他的同伴回答说，“那可算是最具人性的借口了。可很遗憾的是，我对此持怀疑态度。她是想摆脱她丈夫，因为那人既守旧又粗鄙，还挣不到大钱。她想要与一个有才华的名声鹊起的演员在一起，扮演一个出色妻子的角色。但她本来没想借着《造谣学校》的这一幕下手，要不是万不得已，她不会与别的男人远走高飞。她不具备那种激情，她只是为顾及她可憎的体面。她一直暗地里恳求并纠缠着丈夫，要对方同意离婚，或者说不要再挡道了，可是对方拒绝了，并最终为此付出了代价。还有一件事你应该记住。你说那些文化人有更高的艺术品位，喜欢更具哲理的戏剧。但是别忘了那都是些什么样的哲学！记清楚那群文化人把什么样的行为奉为圭臬！什么权力意志、生存权和体验权——纯粹是些废话，比该死的废话还要糟——全都是要命的废话！”

布朗神父皱起眉头，这是很少见的。在他戴好帽子，没入夜色的时候，他眉间的阴霾还没有散去。

沃德雷爵士的失踪

阿瑟·沃德雷爵士身穿浅灰色的夏装，灰白头发的脑袋上扣着他非常喜欢戴着招摇过市的白礼帽。他轻快地走在河边从他家通往一小片房屋的路上，那里就像是他宅子的附属建筑，他走进去之后，就不见了踪影，仿佛是被仙女拐走了。

这起失踪事件极不寻常，又出乎意料，因为爵士对那地方轻车熟路，事发的环境又是那么简单。那个地方充其量只能算是个小村子，实际上，它也就是孤零零的一条小街。它位于开阔的田野与平原中间，只是沿街而建的四五间店铺，都是卖附近居民日常生活必需的。所谓的居民指的是住在大宅子里的一家人和替这家干活儿的几个农夫。街角处是一间肉铺，那好像是最后有人见到阿瑟爵士的地方。见到他的是住在他家的两个年轻人——他的秘书埃文·史密斯和被当作他保镖的约翰·达尔蒙。肉铺隔壁的那件店铺，麻雀虽小，五脏俱全。这是乡村中常见的那种小店，有个小老太婆在店里卖糖果、拐杖、高尔夫球、口香糖、毛线球，还有褪色的信纸。下一间是一家烟草店，两个小伙子正是在往那里去的时候，最后一次看见了他们的主人，当时爵士就站在肉铺前面。再远处是由两位女士经营的一间昏暗的小裁缝铺。在店铺区的尽头是一家粉刷得白得晃眼的店，向过往行人出售非常清淡的大杯青柠檬水。顺着这条路朝前走，还可见到此地唯一一家像样的小旅店，只是它自成一体，孤零零地立在更远处。在小旅店与小村子间有个十字路口，一位警察和一名穿着制服的汽车俱乐部负责人站在那里，他们一致认定阿瑟爵士从未打那里经过。

那是个阳光明媚的夏日清晨，老绅士当时轻快地大步走在路上，一边甩动手杖一边拍打黄色的手套。他是个好打扮的花花公子，但是属于精力充沛又富有阳刚气的那种人，尤其是以他的年纪来说，更是如此。他的体力和浑身散发的活力依然令人赞叹不已，他的卷发是泛白的浅黄色，而非由黄变白。他的面庞刮得干干净净，分外英俊，有个跟惠灵顿公爵一样的高鼻梁。但最突出的还是他的双眼，说它们突出并不完全是比喻，其突出的样子甚至可以说是有些鼓胀，恐怕是爵士五官中唯一不协调的地方。而他的嘴唇很敏感，似乎总是故意微微闭紧。他是那一带的地方乡绅，也是那个小村子的拥有者。在那种地方不只是每个人都相互认识，而且通常都能知道别人在某一时刻待在哪里。阿瑟爵士通常的行程是，先步行到村里，与屠夫或其他人闲聊几句，然后再遛达回他的宅子，前后大概半个小时。两个年轻人买了香烟又走回去，全程基本上也花了这么长时间，但是他们没见有人从路上回来。实际上，目光所及之处没有别人，只有来访的另一位客人——阿博特医生，他坐在河岸上，宽阔的后背对着他们，正在专心致志地钓鱼。

当三位客人回去用早餐的时候，他们大概没怎么把一直没见到乡绅当回事。等到日上三竿，爵士又错过了一顿饭，他们自然也开始起了疑心，而家中的女士，西比尔·赖伊更是忧心忡忡。他们一次次派人去村里寻找，但没发现他的任何踪迹。最后，天色已晚，整个宅子完全陷入恐慌。西比尔叫了人去请布朗神父，那是她的朋友，过去曾经帮她排忧解难。迫于她目前的危险处境，神父答应待在这个宅子里陪她渡过难关。

就这样，直到第二天拂晓，还是没有任何消息，布朗神父早早便起床，四处寻找异常迹象。他黑色的五短身材出现在花园小径上，小径就在沿河修建的堤岸旁，而他正在用近视模糊的眼睛细细打量周围的风景。

他意识到又有一个人影沿着路堤走过来，神情甚至更加慌张，他叫出对方的名字并打招呼，那是秘书埃文·史密斯。

埃文·史密斯是个身材高大、一头金发的年轻人，看上去相当烦躁。或许在这个令人心烦意乱的时刻，烦躁是很自然的事。不过他平时也总是显得无精打采的。这种精神状态与他的外貌反差太大，从而给人的印象很深。因为他拥有运动员的体魄与风度，有雄狮般的金发与唇须，又伴随着不失"英国青年"（总是虚构的，偶尔是真实的）直率与开朗的举止，具体到他身上来看，就是深陷的眼窝和憔悴的神色与之相伴，这与人们有关高大身材和金发蕴含着浪漫气息的传统认识形成强烈对比，这种对比不免给他蒙上一层阴险的色彩。但是布朗神父和蔼可亲地冲着他微笑，然后严肃地对他说："这事真让人难受。"

"这事让赖伊小姐非常难受。"年轻人沮丧地回答，"我也没理由掩饰，对我来说那才是最难受的，尽管她已经跟达尔蒙订了婚。估计你会觉得很吃惊吧？"

布朗神父并没显出有多吃惊，不过他的脸总是那么面无表情的，他只是和善地说："自然啦，她很担心，我们都很同情她。我倒想知道，你有什么新消息或者对这事有什么看法吗？"

"我也没听到任何消息，"史密斯回答说，"至少没有外边传来的消息。至于看法……"他不再往下说，又显出那副消沉的老样子。

"我很乐意听听你的看法，"小个子神父亲切地说，"我希望你不要介意我这样说，我看你有心事。"

年轻人陡然变色，他定睛看着神父，紧锁的眉头使得他深陷的眼窝隐入更深的阴影之中。

"是啊，你猜得没错！"他终于开口了，"我想我是要找人说说。你看着很可靠，我可以告诉你。"

"你知道阿瑟爵士遇到什么事了吗？"布朗神父冷静地问，就好像这是世上最平常的事似的。

"是的，"秘书粗暴地说，"我想我知道阿瑟爵士遇到什么事了。"

"多美的早晨呀！"一个平淡的声音在他耳边响起，"这样美的早晨，人们却要在忧郁中聚到一起。"

这一次，秘书就像中了枪般猛地一跳，只见强烈的日光将阿博特医生巨大的影子投到小径上。阿博特医生还穿着睡衣——那是一件东方式样的华丽睡衣，上面满是鲜花和飞龙，看着像是明媚的阳光下璀璨无比的花坛。他还穿着一双大拖鞋，因此能够凑到离别人如此近的地方却没被察觉。按理说，他是最不可能轻手轻脚靠近别人的，因为他是个身宽体重的大块头。他有一张十分和善的面庞，晒得黑黑的，长着一圈老式的络腮胡子，灰白色的胡子长得很繁茂，与他可敬的脑袋上的灰色长卷发交相呼应。他细长的眼睛里睡意未消，说实在的，以他这把年纪，现在起床是早了些，但他给人一种身体健康而又饱经风霜的印象，就像一个曾经风雨无阻、奔波劳碌的老农夫或者船长。在宅子里的这群人中间，他是乡绅唯一的同辈人和老朋友。

“这事真离奇啊！”他摇着头说，“那些小房子就像玩偶之家，总是四门大开的，很难藏人，就算有人想把他藏起来也不可能。而且我敢肯定没有人那样做。昨天，达尔蒙和我已经盘问过所有人，她们大都是连只苍蝇也不会伤害的小老太婆们。除了屠夫以外，男人们基本都去收庄稼了，而且有人见到阿瑟从肉铺走出来。也不可能是在河边出的事，因为我一整天都在那里钓鱼。”

接下来，他看着史密斯，此刻，他细长的眼睛似乎不再只是睡眼惺忪，还透出一点狡黠。

“我想你和达尔蒙可以作证，”他说，“从你们去那里，到走回来，你们都见到我坐在河边。”

“是的。”埃文·史密斯简短地回答，似乎对于长时间的打扰很不耐烦。

“我唯一能想到的……”阿博特医生慢条斯理地继续说，这时他也被打断了。有个人轻快地跨着大步，快速穿过绚丽的花坛间的草地，朝他们走来。来人是约翰·史密斯，手中还拿着一张纸。他衣着整洁，皮肤黝黑，有一张拿破仑式的方脸膛，眼中充满哀伤——这双眼睛给人一种悲恸欲绝的感觉。他看着还很年轻，但是鬓角的黑发过早染上了白霜。

“我刚接到警方发来的电报，”他说，“我昨晚给他们拍了封电报，他们说会马上派人过来。阿博特医生，你说我们还需要去找其他人来吗？我是说，亲属之类的。”

“当然了，爵士有个侄子，叫弗农·沃德雷。”老人说，“要是你愿意跟我一起来的话，我应该可以把他的地址给你——还能说说他那些不一般的事儿。”

阿博特医生和达尔蒙两人离开，向宅子那边走去。在他们走出了一段距离以后，布朗神父就像没被人打断过一样，直接说道：“你刚才说的什么？”

“你这人真有定力，”秘书说，“我想这是常听人告解练出来的。我感觉自己就像是要做告解。在那种隐秘的氛围中，诉说深藏在心底的秘密，就好像看到一条蛇爬了出来，确实会让一些人心里发毛。但是我想我该坚持着说出来，即便那并不是我的告解，本是别人的。”他停下来，皱了下眉，又捋捋胡子，然后突然说道：“我相信阿瑟爵士是逃跑了，而且我还知道是为了什么。”

一阵沉寂过后，他再次咆哮起来。

“我的处境很糟糕，而且多数人都会说我要做的事也很糟糕。我会变成一个卑鄙的告密者，但又相信自己有责任这样做。”

“你必须自己做决定，”布朗神父严肃地说，“你的责任指的是什么？”

“我的处境一点也不光明正大，因为我要说的是对我的竞争对手不利的事，况且他还是个已经取胜的对手。”年轻人痛苦地说，“而我不知道自己到底该怎么办。你不是问沃德雷失踪的原因吗？我可以十分肯定地说，原因在于达尔蒙。”

“你的意思是，”神父沉着地问，“达尔蒙谋害了阿瑟爵士？”

“不！”史密斯暴戾地吼道，“一百个不是！不论他做了什么，他都没有杀人。不论他是个什么样的人，他肯定不是杀人犯。他有无懈可击的不在场证明，有一个痛恨他的人可以给他作证。我不可能偏袒达尔蒙而做伪证，我敢在任何法庭上发誓，他昨天没有对老人做任何事。达尔蒙那天一直和我在一起，至少在爵士失踪前后那一段时间是在一起的，他在村里除了买香烟什么都没干，在宅子这边他也只是抽抽烟，到图书室看看书。不，我相信他是个罪犯，但他并没有杀害沃德雷。我甚至可以这样说，因为他是个罪犯，所以他没杀沃德雷。”

“哦，”另一位耐心地说，“那又是什么意思呢？”

“也就是说，”秘书回答说，“他是犯下其他罪行的罪犯！他的罪行需要沃德雷活着。”

“噢，是这样。”布朗神父说。

“我和西比尔·赖伊很熟，她的性格在这件事里扮演了重要角色。她优良的性格有两个特点：气质高贵却又过于脆弱。她有良知，却又不像其他有良知的人那样具有坚韧的习性和应对人情世故的老道。她极其敏感，同时又很无私。她的身世有些离奇：她曾经身无分文，像个弃儿，而阿瑟爵士把她领回家，对她悉心照料，这令很多人大惑不解。没有要苛刻评判老人的意思，只是这不符合他的行事风格。但是，等姑娘快到17岁的时候，其中的缘由可把她吓坏了，她的监护人向她求婚。现在，我要说的是这件事的离奇之处。不知怎么的，西比尔从别人那里听说（我猜准是老阿博特说的），在阿瑟·沃德雷爵士放荡不羁的青年时代，他犯过罪，或者起码是把某人害得不轻，也给自己惹了一身麻烦。我不知道具体是怎么回事。但是那姑娘正处在感情脆弱的年纪，这种事对她就是噩梦，在她眼中爵士就像个怪物，至少婚姻这样的亲密关系是不可能了。她接下来的做法是她性格的典型表现。她既恐慌又无助，便鼓起勇气，战战兢兢地向爵士吐露了实情。她承认自己对老人的拒绝也许是病态的，也坦承那是种不足为外人道的疯癫。出乎她的意料也让她松了口气的是，爵士心平气和、温文尔雅地接受了现实，从此再也没提过结婚的事。接下来的事更让她感受到了爵士的宽宏大量。有个孤独的男人闯入了她同样孤独的生活。这人像个隐士一样在河中的一座小岛上风餐露宿，我想就是这种神秘感让他显得更具吸引力，当然了，我承认他本来就够有魅力的，一个诙谐机智的绅士，只是神情很忧郁——我想这增添了他的浪漫气质。这人就是达尔蒙。直到今天我也不清楚姑娘在多大程度上接受了他，但是足以让他去见姑娘的监护人了。我能想象出她在这次会面前内心经受的煎熬，她既害怕，又想知道老追求者在见到情敌时会做何反应。可是她发现自己明显又一次误解了爵士。老人热情款待了年轻人，并且为这对恋人未来能结良缘而感到高兴。他和达尔蒙一起去打猎、钓鱼，就像是最要好的朋友，直到有一天姑娘又一次受到惊吓。有一次闲聊时，达尔蒙说漏了嘴，他说老人'这三十年来没什么变化'，她立即明白了这两个人异常亲密的原因。所谓的引荐与殷勤接待都是伪装的，这两个男人明显早就认识。这也是为什么年轻人来这个地区时鬼鬼祟祟的原因，也解释了老人为什么会网开一面，乐见他们结缘。我想知道你对这事怎么看？"

“我知道你是怎么看的，”布朗神父笑着说，“而且你的看法似乎完全符合逻辑。大体上看，我们了解到沃德雷有着不光彩的过去——有个神秘的陌生人跑来纠缠他，向他要什么他都得给。简单地说，你认为达尔蒙是勒索者。”

“没错！”另一位说，“这事我想想都觉得恶心。”

布朗神父思索了一小会儿，然后说：“我想我现在该进屋去和阿博特医生聊几句。”

一两个小时以后，他从宅子里走出来，应该是和阿博特医生聊过了，不过陪着他出来的却是西比尔·赖伊。她面色苍白，一头红发，看似体态纤纤，弱不禁风的模样。一个人只要看上她一眼，瞬间就会理解为什么秘书说她的羞怯中暗含着耿直，这令人不禁回想起戈黛娃夫人[①]或是某些殉道的贞女。一个人只有问心无愧，才会有这种既羞怯又无所顾忌的表现。史密斯迎上前去，他们三人便站在草地上聊了起来。这一天从清早就阳光明媚，此刻更是天光大亮，甚至有些晃眼，但是布朗神父照样拿着他的黑雨伞，并戴着那顶硕大的黑帽子。他还和平时一样把扣子扣得紧紧的，像是要防备暴风雨。或许这只是他无意识的习惯动作，也可能他要迎接的是另一种暴风骤雨。

“我讨厌这种事，”西比尔低声说，“已经开始有传言了，每个人都有嫌疑。我想，约翰与埃文可以相互作证，但是阿博特医生和屠夫大吵了

---

① 戈黛娃：戈黛娃夫人是一名英格兰盎格鲁-萨克逊的贵族妇女，传说她为了劝说丈夫减免强加于市民的重税，裸体骑马绕行考文垂的大街。

一架，他认为屠夫有嫌疑，随之对其大加指控。”

埃文·史密斯似乎很不自在，随即脱口而出：“听我说，西比尔，我没有太多可说的，但是我们认为没必要闹得这么厉害。这样说确实很残忍，可是我们认为并没有发生——任何暴力事件。”

“这么说，你有一种说法了？”姑娘说着，立即看向神父。

“我听到了一种说法，”他回答说，“对我来说似乎很有说服力。”

他站在那里出神地望着河水。史密斯与西比尔压低声音，你一言我一语简捷地交谈起来。神父一边思考一边沿着河岸溜达，他来到了一处几乎悬空的陡岸，这里稀疏地种着几棵树。稀薄细小的树叶在强烈的阳光下舞动，好似绿色的小火苗，群鸟在树上歌唱，仿佛树上长着成百条舌头。一两分钟以后，埃文·史密斯听到有人小心翼翼地叫他的名字，但声音很真切，是从绿树丛中传出来的。他快步朝那边走去，正好碰到返回的布朗神父。神父用非常低的声音对他说：

“别让女士过来。你能把她支走吗？叫她去打个电话什么的，然后你再过来。”

埃文·史密斯尽可能装出若无其事的样子，走到那姑娘面前，好在她天性乐于助人，不管多小的事都会认真对待。没用多长时间，她就消失在宅子里了。史密斯回来后，发现布朗神父又钻进了树丛。在树丛的那一边有块小小的凹陷，草地在那里下陷到与河边沙地齐平的高度。布朗神父正站在凹陷的边缘向下看。但是不知道是没留神，还是有什么想法，虽然是烈日当头，神父却把帽子抓在手里。

“你最好自己来看，”他心情沉重地说，“也算是做个见证。但是我要提醒你做好心理准备。”

“准备什么？”另一位问。

“准备见识一下我这辈子见过的最可怕的景象。”布朗神父说。

埃文·史密斯凑到草地的边缘，禁不住惊呼起来，简直像是在尖叫了。

阿瑟·沃德雷爵士双眼圆睁，咧着大嘴笑嘻嘻地向上瞧着秘书。那张脸扬得如此之高，他差点踩上去；那脑袋向后仰着，发白的金黄色假发套冲着他，他看到的是上下颠倒的一张脸。这就更让他感觉像是在做噩梦。那模样就像一个人脑袋翻转着四处走动。他在干什么？难道沃德雷真的是在到处爬行，藏身在草地与河岸的裂缝中，以这种不自然的姿势向外窥视他们？身体的其他部分似乎有些蜷缩，甚至是弯曲，让他看起来像个瘸子或是有残疾，但是如果仔细观瞧，那不过是肢体摞在一起产生的视觉误差。他发疯了？不是吗？史密斯越看越觉得他的姿势很僵硬。

“你从那边看不太真切，”布朗神父说，“不过他的喉咙被人割断了。”

史密斯感到不寒而栗。“我真的相信这是你见过的最可怕的景象，”他说，“也可能是这张脸是上下颠倒造成的。这十来年我每天都在餐桌上看到这张脸，它总是那么和蔼可亲、彬彬有礼。可是反过来一看，竟然像是恶魔的面孔。”

“这张脸真的是在微笑，”布朗神父镇定地说，“令人费解之处还不只是这个。即使是自己动手，也不会有多少人能在喉咙被割断时还面带微笑。他醋栗一样的眼睛在脸上总是很突出，眼中露出的笑意足以说明他当时的情绪。但你说的没错，事物在反过来看时，就不一样了。艺术家通常会将画作倒过来，以验证其准确性。有时候，事物本身难以颠倒过来（举个例子说，比如阿尔卑斯山的马特洪峰），人们只好拿大顶，或者弯下腰从两腿间去看。”

神父为了安抚另一人的紧张情绪，说话时尽量表现得轻松些，只是在下结论时，语气稍微严肃了些：“我很理解，这一定让你感到难过。很不幸，它也推翻了其他的事情。”

“你什么意思？”

“它彻底推翻了我们的说法。”另一位回答说。与此同时，他手脚并用下了堤岸，来到那一小片河边沙地上。

“也许是他自己下的手，”史密斯唐突地说，“不管怎么说，这是最容易想到的解脱方式，而且符合我们的说法。他想求得安宁，就来到这里，然后割断了自己的喉咙。”

“他根本就没有来这里，”布朗神父说，“至少，不是活着来的，走的也不是陆路。他并不是在这里被杀的，这里的血迹太少。现在，阳光已经完全晒干了他的头发和衣服，但沙地上还留着两道水痕。来自大海的潮水正好在这附近形成了漩涡，把尸体冲到了小河滩上，等到退潮的时候，就被留在了那里。但是尸体一定是先沿河顺流而下的，大概就是从小村子那边漂下来的，因为河水正好从那排小房子和店铺后面流过。可怜的沃德雷不知怎的死在了小村里。不管怎么说，我不认为他是自杀，可问题是在那种小地方，谁想要或者有机会杀他呢？”

他开始用他粗短雨伞的尖头在沙地上画起草图来。

“我们来看看，那排店铺是如何排列的？第一间是肉铺，当然了，手拿一把大剔骨刀的屠夫做这事最方便。可是你看见沃德雷从肉铺出来了，他不太可能在店铺门口等着屠夫对他说：‘早上好。请允许我割断你的喉咙！谢谢。再来点什么？’在我看来，阿瑟爵士不是那种人，他不会乐呵呵地站在那里听凭这种事发生。他身强力壮又精力充沛，脾气也很火爆。除了屠夫，还有谁对付得了他呢？下一间店是个老太太经营的。接下来是烟草店，店主倒是个男的，不过我听说他个子不大，胆子也小。然后是两位未婚女子开的裁缝铺，再就是小吃店，不过店主人恰好去了医院，留下来看店的是他老婆。那边还有两三个小伙子，负责打下手和跑腿，但他们都有事出去了。小吃店那里就是街尾了，再远处就只剩下那间旅店了，其间还站个警察。”

他用雨伞的金属头在地上一戳，代表那个警察，而他本人依然心神不宁地盯着河的上游。然后他轻轻挥了下手，迅速凑到尸体跟前，弯腰检查。

“啊哈，”他直起身子，长出了一口气，说，“是烟草店！我怎么会忘了烟草店的事了？”

“你这是怎么了？”史密斯有些恼怒地追问。因为布朗神父只顾着转动眼珠，自言自语，当他说出“烟草店”这个词的时候，好像它代表着可怕的厄运。

“你没发现吗？”神父停顿了一下说，“他脸上有些稀奇的地方？”

“稀奇，我的老天啊！”埃文想起那张脸不禁又打了个哆嗦，说：“无论如何，他可是被割了喉咙……”

“我说的是他脸上，”神父冷静地说，“此外，你有没有注意到他的手受伤了，上面缠着一小圈绷带？”

“那个伤和这事没关系。”埃文急忙说道，“那是之前发生的，纯属意外。我们一起办公的时候，一个破墨水瓶把他的手划破了。”

“虽然如此，那个伤和这事是有关系的。”布朗神父回答说。

接下来是长时间的沉默，神父心绪不宁地拖着雨伞在沙地上踱步，还不时念叨着“烟草店”这个词，他的朋友被他吓得浑身冰凉。突然，他举起雨伞指着草丛中的一座船库。

“那是这家的船吗？”他问，“我希望你划船送我去上游，我要从背面看看那排房子。刻不容缓。他们或许会发现尸体，但我们必须冒这个险。”

等到史密斯开始逆流而上、划向小村子的时候，布朗神父才又再次开口说话：“顺便说一下，我从老阿博特那边听说了可怜的沃德雷的事，也就是他不轨行为的实情。那个故事还真是新奇。据说有个埃及官员侮辱老爵士说，一个既想避开猪又想避开英国人的人，如果躲不开的话，宁可选择和猪在一起，或者类似这样的讥诮话。不论当时发生了什么，过了些年这场争论又有了新发展，后来那位官员访问英国，而沃德雷的狂暴劲儿上来了，他把那人拽到别墅外农场的猪圈，然后扔了进去，还打断了那人的手脚，并把他一直关到第二天早晨。这事引起了不小的议论，但是很多人认为沃德雷出于爱国激情的行为，情有可原。不管怎么说，这种事不足以让一个人默默地承受几十年要命的勒索。”

“那么，你认为这事和我们考虑的问题没有关系喽？”秘书疑虑地问。

“我想这事和我正考虑的问题密切相关。”布朗神父说。

他们漂过屋后矮墙和从后门通到河边的后院。布朗神父用他的雨伞指着，仔细地点着数，等到了第三扇门，他又说话了：“烟草店！这应该就是烟草店了吧？但在得到验证之前，我该按照猜想的去做。不过，我会告诉你我认为阿瑟爵士脸上什么地方奇怪。”

“是什么呢？”他的同伴问，同时停下来，放下桨。

“他是个好打扮的人，”布朗神父说，“而他的脸只刮了一半……你能在这里停一下吗？我们可以把船拴在这根杆子上。”

过了一两分钟，他们翻过矮墙，踏上小院中的鹅卵石小径，院里还有好几块长方形的菜地与花坛。

“你看，烟草商也种土豆，”布朗神父说，“这要归功于沃尔特·罗利爵士[1]，毫无疑问。土豆和装土豆的袋子还挺多。这些乡下人还没有失去农民的本色，他们还是同时从事两三份营生。不过乡下的烟草店通常会提供一项额外服务，我是看到沃德雷的下巴之后才想起来的。一间烟草店十有八九也是理发店。他割伤了手，自己不能刮脸，于是就来到这里。听了这些，你受到什么启发没有？”

“我深受启发，”史密斯回答，“但是我认为对你的启发更大。”

“比如说，这是否表明一种状况，”布朗神父评述道，“就是说，只有在那种状况下，精力充沛、脾气火暴的爵士才会在被人割喉时还是笑呵

---

① 沃尔特·罗利爵士：伊丽莎白一世的宠臣，曾经将土豆与烟草引入英国。

呵的呢？”

接下来，他们穿过了房后的一两处过道，走进店铺的后屋，屋中很昏暗，只有依稀从远处透过来的光线，还有一面脏兮兮的破镜子的反光，就好像是池塘里映出的绿色暮光。但是借着这样的光线，还是能看到理发店中简陋的陈设，还有理发师苍白甚至是惊慌失措的脸。

布朗神父扫视着整个房间，这里似乎刚刚打扫清理过，不过他的目光还是在门后落满灰的角落里找到了什么。那是挂在帽钉上的一顶帽子。帽子是白色的，村里人都很熟悉。就是有那么一种人会把习以为常的细节忘得一干二净，他小心仔细地刷干净了地板，或是销毁了染血的抹布，却把帽子抛之脑后。

“我想，阿瑟·沃德雷爵士昨天早晨是在这里刮的脸。”布朗神父平淡地说。

戴着眼镜的理发师，是个秃顶的小个子，名叫威克斯。对他来说，这两个出现在他后屋中的不速之客，无异于从地板下的墓地中冒出来的鬼魂。但他很快就明白了，有件事让他感到更恐怖。他缩在阴暗房间的一角，我们甚至可以说他瘫在那里了，他全身上下都越缩越小，只剩下他古灵精怪的大眼镜。

“告诉我一件事，”神父平静地说，“你有记恨那位乡绅的理由吗？”

那个人在角落里含混不清地说了些什么，史密斯完全没听到，但是神父点点头。

“我知道你有，”他说，“你恨他，而且，正因为如此，我才知道不是你杀了他。是你来告诉我们发生了什么事，还是由我来说？”

屋中一阵沉寂，只能隐约听到后面厨房的时钟的滴答声。

布朗神父继续往下说：“事情的经过是这样的。在达尔蒙先生走进你外面的店铺时，他说要买橱窗里的某种香烟。你像一般的店主那样，跑出去确认他要的是哪一种。就在这时，他注意到了你刚刚放在里间的剃刀，还有理发椅上阿瑟爵士淡黄色的脑袋，很可能这二者都在小窗透进的光线中反着光。他在片刻之间拿起剃刀，割了别人的喉咙，然后又回到柜台前。受害者甚至不会被剃刀和那只手惊动。他死前还在回味着自己想起来的好笑的事。他在想什么呀？我想，达尔蒙自己也不必担惊受怕。他的动作很快，又很安静，以至于史密斯先生会在法庭上发誓说他们两人一直在一起。不过确实有人被惊动了，理所当然，那就是你。你为了欠缴租金之类的事跟你的东家吵过架，你回到店里后，发现你的对头被谋杀了，就在你的椅子上，用的也是你的剃刀。非常自然的，你对洗清自己的嫌疑不报任何希望了，只能选择清理这个烂摊子。于是你清洗地板，把尸体装在土豆袋里，也没系紧就趁黑扔进了河里。幸亏你的理发店总在固定的时间打烊，因此你有充足的时间做这些。你似乎什么都想到了，只是忘了那顶帽子……噢，别害怕，我会忘记一切的，包括那顶帽子。”

神父平静地穿过店铺走到街上，好奇的史密斯紧随其后，只留下目瞪口呆的理发师。

“你看，”布朗神父对他的同伴说，“这就是那一类情况，动机弱到不足以指控一个人，可又强得能够赦免他。一个像他一样惶惶不安的小人物，是最不可能真的为了金钱上的纠纷杀掉一个健壮的大人物的。只是他是最害怕自己会受到怀疑的……啊哈，杀人者的动机其实是异乎寻常的。”他又一次陷入沉思中，望着甚至是瞪着不知什么地方。

“这可真可怕，”埃文·史密斯抱怨道，“一两个小时以前，我还在口出恶言，说达尔蒙是敲诈犯或者恶棍，可是听说他真的干了这样的事，我还是很震惊。”

神父还处在精神恍惚的状态，好像是一个人在望着无尽的深渊。终于他的嘴唇动了，开始小声咕哝，更像是在祈祷而不是在赌咒发愿：“仁慈的天主啊，这是多么可怕的报复啊！”

他的朋友向他提问，可是他继续自言自语。

“这个由仇恨引发的事情有多么骇人啊！一个凡人怎么会如此残酷地报复另一个人！在人类深不可测的心底居然藏着这样令人憎恶的想法，我们是否也会堕落到这个地步？天主保佑我们远离傲慢，但是我无法想象如此强烈的仇恨和报复心。”

“是啊！”史密斯说，“我也完全想象不到他为什么要杀沃德雷。如果达尔蒙是勒索者，那么沃德雷杀死他才是更合理的。如你所说，割喉是种可怕的行为，但是——”

布朗神父打了个冷战，如梦初醒，眨了眨眼睛。

“噢，那个！”他急忙纠正道，“我想的不是那个。当我提到关于复仇的恐怖故事，我指的不是理发店中的谋杀案。我想到的是更为恐怖的事，尽管理发店里的事已经够骇人的了。但是我想的事更容易理解，几乎任何人都会那样做。实际上，那差不多是一种自卫的举动。”

“什么？”秘书怀疑地惊呼，“一个人摸到别人身后，趁着他躺在理发椅上对着天花板微笑的时候，割断了他的喉咙，而你却说这叫自卫！”

“我没有说这是正当防卫，”另一位回答说，“我只是说许多人为了使自己免遭可怕的灾难会被迫反抗——结果当然也是可怕的罪行。我所思考的是另一项罪行。首先，关于你刚才提出的问题——为什么勒索者会变成谋杀者？其实，在这一点上有许多常见的误解与错误。”他顿了一下，似乎是为了从先前的惊吓中理清思绪，接着他平静如常地往下讲。

“你看到的是这一老一少两个人，一起到处转悠，对婚姻的事也达成了协议，但他们的亲密关系由来已久，不为人知。一个富有，另一个贫穷，而你猜到了勒索。你说得对，至少在字面上是对的。你的错误是弄反了。你以为是穷人在勒索富人。实际上，是富人在勒索穷人。”

“但是这不合常理啊！”秘书反对说。

“比不合常理还要糟，但也并不罕见。”另一位回答说，“现行的政治体系大半是以富人勒索大众为基础的。你认为这不合常理，因为你的观点是建立在两个荒谬的假想之上的。一条是，富人从不想变得更富；另一条是，一个人只会在金钱上受到勒索。咱们讨论的与后者有关。阿瑟·沃德雷爵士的行为不是出于贪婪，而是为了报复。就我所知，他策划的报复方式是最可怕的。”

“可是他为什么打算报复约翰·达尔蒙呢？”史密斯问道。

“他打算报复的不是约翰·达尔蒙。”神父严肃地回答说。

沉默了一阵之后，他又开始说，似乎像是换了个话题。“你还记得吧，我们找到尸体的时候，那张脸是倒过来的，你还说看起来像是恶魔的面孔。你想过没有，凶手从理发椅后面走过去，见到的也是上下颠倒的脸？”

“那不过是随口胡说罢了！”他的同伴抗议说，“我只是更习惯那张正常的脸。”

“说不定你根本就没按正确的方式看过它。”布朗神父说，“我告诉过你，艺术家想要从正确的方向看一看画作的时候，会把画倒过来。也许你在早餐时，在茶桌旁，已经对一个魔鬼的脸庞习以为常了。”

“你到底要说什么啊？”史密斯不耐烦地质问。

“我在打比方，”另一位语气沉重地答道，“当然，阿瑟爵士不是真的魔鬼。他的禀赋本可以向好的一面发展，却在现实中演化成他后来的性格。但是那双滴溜乱转多疑的眼睛，还有紧闭的颤动的嘴，都能说明一些问题，可惜你已经对它们熟视无睹了。你知道在有些人的身体上，创伤是无法愈合的，而阿瑟爵士的精神就属于那种。他的精神像是裸露的，他疯狂地守护着自己的虚荣心，利己主义让他患上了失眠症，那双不得安宁的眼睛整天就那么睁着。敏感并不一定要以自我为中心。比如说，西比尔·赖伊的精神也是不加遮掩的，但她却能够表现得像个圣女。而沃德雷则将一切都变成了恶毒的傲慢，那份傲慢已不仅是过分自信或者自鸣得意。他灵魂表面的每一道伤痕都会化脓溃烂。他把人扔进猪圈的陈年旧事就说明了这个问题。如果他在被人叫做猪的那个时间、那个地点就把对方扔进猪圈，那么可以说是一时冲动，是可以原谅的。但是那里没有猪圈，这才是重点。沃德雷年复一年地把那个愚蠢的侮辱记在心上，直到他终于找到一个千载难逢的机会把东方人带到了猪圈附近，然后他就动手了，他认为那不过是恰如其分和艺术性的报复……噢，主啊！他要让自己的报复恰如其分，还显得很有艺术性。”

史密斯好奇地看着他。“你想的不会是猪圈那件事吧？”他说。

“不是，”布朗神父说，“我想的是另一件事。”他强忍住声音中的颤抖，继续说道：“请记住猪圈那件事有多么的奇异，那是经过耐心谋划的，报复的方式与对方的罪行是相符的，再想想我们眼前的事。据你所知，还有谁侮辱过沃德雷，或者做了被他视为奇耻大辱的事？是的，有个女人侮辱了他。”

埃文眼中逐渐浮现出惊恐，他听得入了神。

“一个小姑娘拒绝嫁给他，就因为他曾经犯过罪。他在对埃及人施以暴行之后，的确坐过一小段时间的牢。而那个疯狂的人在他充满罪恶的心中说：‘她只配嫁给杀人犯。’”

他们走上去往大宅子的路，沿着河边走了一段，谁也没说话，然后他接着说：“沃德雷在勒索达尔蒙，因为对方很久之前杀过人，或许他还知道自己年轻时胡作非为的伙伴们的一些罪行。一桩野蛮的罪行或许还不是无可弥补的，因为最野蛮的谋杀犯从来都不是最坏的人。而在我看来，虽然达尔蒙杀了沃德雷，但他是个知道悔改的人。可是他屈服于沃德雷的淫威，他们两人合伙欺骗那姑娘应下婚约，情况可能是让情人先去碰碰运气，另一位只是殷切地鼓励他们。不过达尔蒙本人并不了解实情，大概只有魔鬼自己才知道老人真正的想法。

“然后，就在几天前，达尔蒙有了一个可怕的发现。他被利用了，尽管不完全是被迫的。他成了一件工具，他突然了解到他会遇到兔死狗烹的下场。他在图书室中偶然看到了沃德雷的一些笔记，它们应该都是被小心收藏起来的，其中记录着向警方通风报信的准备工作。他明白了整个计划，顿时惊呆了，就像我最初弄清楚这个计划时一样。只要新娘与新郎一结婚，新郎就会立即被逮捕并绞死。那位挑剔的女士，既然拒绝了一个进过监狱的人做她丈夫，那么她就只能有一个挂在绞架上的丈夫。在阿瑟·沃德雷爵士看来，这才是整件事富有艺术性的结局。”

埃文·史密斯面如死灰，默不作声。此时，在路的远处，他们看到阿博特医生顶着宽边帽的庞大身影在向他们跑过来，从他的轮廓中都能看出他的焦急。不过他们还在为自己推测出的灾难性结局而震惊。

“就像你说的，憎恨才是可憎之物。”埃文最终说道，“而且，你知道吗，有件事让我松了口气。我对达尔蒙的所有恨意已经烟消云散了——因为我现在知道他是一个双重谋杀犯。”

他们安静地走完了剩下的路，然后碰上了迎面赶来的大块头医生，他边走边用绝望的姿势挥动一双戴着手套的大手，他的灰胡子也被风吹乱了。

“有个可怕的消息，”他说，“阿瑟的尸体被找到了，他好像死在了自家花园里。”

“哎呀，”布朗神父很呆板地说，“太可怕了！”

“还不止这个呢，”医生气喘吁吁地大喊，“约翰·达尔蒙跑去找爵士的侄子弗农·沃德雷，但是弗农·沃德雷没见到他，达尔蒙似乎从人间消失了。”

“哎呀，”布朗神父说，“太奇怪了！”

万恶的罪行

布朗神父在一间画廊中闲逛，从神情可以看出他不是来赏画的。其实他很喜欢绘画作品，只是现在不想看。倒不是因为那些极具现代感的构图有些伤风败俗或者不成体统的地方。那些未来风格的画面上满是不规则的漩涡、颠倒的锥体和破碎的圆柱，既能激发人的灵感又有些吓人，神父真该对着它们大发雷霆，甚至可能像异教徒一样做出过激行为。事实上，布朗神父在寻找一个年轻的朋友，他们约好在这个不那么合适的地方见面，因为那姑娘是个更加未来派的人。那姑娘同时也是他的亲戚，是神父为数不多的几个亲戚之一。她名叫伊丽莎白·费恩，简称贝蒂，她的母亲是布朗的妹妹，当年嫁入了一个有教养但却家道中落的乡绅家族。那位乡绅在潦倒中故去，布朗神父作为教士担起了保护人的责任，同时作为舅舅又担负着监护人的职责。他眨巴着眼睛在画廊里的人群中寻找，但是眼下还没见到他外甥女那熟悉的棕色头发与欢乐的脸庞。然而，他倒是见到了几个熟人，还有几个并不认识的人，其中包括不合他的品味、本不想结识的人。

在神父不认识的人中间，有一个引起了他的兴趣，那是一个步态轻盈、表情警觉的年轻人。他衣着华丽，样子挺像外国人，因为他的胡子修剪成了铲形，很有老式的西班牙风格；他的头发理得很短，就像紧扣在脑袋上的黑便帽。在神父不大想认识的人中，有一位盛气凌人的女士，她身穿一件扎眼的绯红色外衣，金黄色的头发说是短发吧，又太长了，松松垮垮的不知算是什么发型。她的脸色带着病态的惨白，表情专横又很阴沉。她看着别人的时候，总透着一股蛇怪[1]的恶毒劲儿。她进门时还拽进来一个人，那是个矮个子男人，留着大胡子，脸盘宽大，一双细长的眯缝眼显得睡眼惺忪。即便他处在半梦半醒之间，表情也是洋溢着喜气和亲切的。不过从背后看，他那短粗的脖子不免让他带着几分蛮横之气。

布朗神父凝视着那位女士，心想如果他的外甥女来了，一定比她看着让人舒心。不知是出于什么心理，他不由自主地继续凝视着她，直到觉得此刻无论是谁出现在他面前，都会比她顺眼。正因为如此，当他忽然听到有人叫他时，他就像从恶梦中猛醒一样。不过，尽管心里一惊，但立刻便释然了，因为他转过头去见到的是一张熟面孔。

那人的脸很尖，但样子并非不友好，他叫格兰比，是个律师，他头上的斑斑灰发，犹如假发套上掉落的灰粉，这与他富有青春活力的动作很不协调。他在伦敦金融城里工作，是一个在办公室里总像个学童一样跑进跑出的人。他没办法在这间时髦的画廊里到处乱窜，不过看样子，他还真想那样做，他在那边焦躁地左顾右盼，找他的熟人。

① 蛇怪：传说中能用呼吸和眼神杀死人或动物的怪兽，样子像是一只长了六条腿的蜥蜴，有时也与鸡身蛇尾怪通用，它的身体像鸟类，却披着鳞片。

“我还真不知道，”布朗神父笑着说，“你居然是新艺术的赞助人。”

“我不知道你也是，”另一位回敬道，“我来这里找个人。”

“我希望你能如愿，”神父答道，“我也是为这才来的。”

“他说他要飘洋过海去欧洲大陆，”律师轻蔑地哼了一声，“还叫我来这个古怪的地方见他。”他思索了一阵，突然说：“嘿，我知道你能守口如瓶。你认识约翰·马斯格雷夫爵士吗？”

“不认识，”神父回答说，“尽管大家都说他躲在一座城堡里，可我不认为他是什么秘密。你说的就是那个有很多传言的老人吧？说他住的塔楼真的配有闸门与吊桥，而且他与世隔绝，拒绝走出‘黑暗时代’。他是你的客户吗？”

“不，”格兰比简短地回答，“是他儿子马斯格雷夫上尉跑来找我们的。但那位老人跟这事有重大干系，而我又不认识他，这才是重点。哎，就像我说的，这事要保密，不过我信得过你。”他住了嘴，拉着他的朋友去了一间侧室，那里陈列的是各种写实的艺术品，不过相对来说冷清多了。

“这位小马斯格雷夫，”他说，“想要以他在诺森伯兰郡[①]的老父亲的遗产为抵押向我们借一大笔钱。老人都七八十岁了，归天是迟早的事，但问题是他的遗产要怎么处置？他死后，他的钱财、城堡还有吊桥之类的

---

① 诺森伯兰郡：英格兰最北部的郡，郡内有不少罗马时期的遗迹，包括著名的哈德良长城。

怎么办？那块领地非常好，仍然值一大笔钱，但是很奇怪，它的继承权还没定下来。所以你就知道我们的处境了。问题在于，就像狄更斯作品中的人物说的那样，那个老人是否友善。”

“要是他对儿子友善，那么你会认为他友善有加，”布朗神父评论道，“恐怕我是帮不上你了。我从没见过约翰·马斯格雷夫爵士，而且据我所知，如今很少有人见过他。不过很明显，在你把事务所的钱借给年轻的先生之前，必须在这个问题上有个确切答案。他会不会拿不到遗产，被家里人用几个小钱就打发掉呢？”

“这个，我说不准，”另一位回答说，“他很受人欢迎，也很聪明，在社会上有头有脸的。他常去国外，还是个记者。”

“哦，”布朗神父说，“这算不上罪过。至少不总是。”

“胡说！”格兰比无礼地说，“你知道我是什么意思——他是个居无定所的人，做的是记者、演讲者或者演员之类的工作。我必须知道我的处境……嘿，他在那儿。”

一直在冷清的侧室不耐烦地来回踱步的律师，突然转身跑进更拥挤的外间。他跑向那个衣着讲究的高个子年轻人，也就是留着短发与外国样式胡子的那个人。

两人一边交谈一边走开了，布朗神父用他模糊的近视眼追随着他们看了一会儿。但是，很快他就收回了目光，因为他的外甥女贝蒂气喘吁吁，甚至是火急火燎地跑来了。出乎舅舅的意料，外甥女又带他回到那间空旷的侧室，不容分说就把他按进犹如汪洋中的孤岛一样的椅子上。

“我有事要告诉你，”她说，“这事太怪异了，别人都不能理解它。”

“你太看得起我了，”布朗神父说，“是你母亲跟我提到的事吗？无非是订婚之类的，又不是军史家说的全面开战。”

“你知道吗，”她说，“她想让我和马斯格雷夫上尉订婚。”

“我不知道，”布朗神父无奈地说，“但是马斯格雷夫上尉还真成了热门话题。”

“当然，我家是很穷，”她说，“要说这一点儿不重要，也是不对的。”

“你愿意嫁给他吗？”布朗神父问，他眯缝着眼睛看着外甥女。

她皱起眉头看着地板，压低声音说：“我原本以为我愿意。至少我觉得自己是这么想的。但是我刚刚被一件事吓到了。”

“那就说说吧。”

“我听到他在笑。”她说。

“这是一种很好的社交技能。”他回答说。

“你没听明白，”姑娘说，“他没当着别人的面。这才是关键——当时周围没人。”

她顿了一下，然后态度坚定地继续说：“我老早就来了，看到他一个人坐在画廊中间，和那些新画在一起，屋里很空，他不知道我或者其他人在附近，他一个人坐在那里就笑了起来。”

“是吗？这不足为奇。”布朗神父说，“我本人不是艺术评论家，不过这些画总体来看会让人觉得——”

“噢，你还是不明白，”她几乎有点生气了，“不是那回事。他没在看画。他抬头盯着天花板，看样子是在想心事，他笑起来的时候，可把我吓坏了。”

神父站起身，背着手在屋里踱步。“这种事你可草率不得，”他开口道，“有两种人——不过我们现在没法讨论他的事了，因为他过来了。”

马斯格雷夫上尉轻快地走了进来，面带笑容地扫视了一圈。律师格兰比跟在上尉身后，他一反常态，不再绷着面孔，而是露出轻松得意的神情。

“我必须为我说过的关于上尉的每一件事道歉，”在他们一起走向门口时，他对神父说，“他非常明白事理，完全理解我的想法。他还邀请我去北方见见他的老父亲，我可以听老人亲口确认继承权的事。他这样说，合情合理，不是吗？而且他也急着把这事办妥，要亲自开车带我去马斯格雷夫湿地，这是那块领地的名字。我想既然他这么热情，我们就一块儿去，明天一早就出发。”

在他们讲话的同时，贝蒂与上尉并肩穿过大门，对于有点儿诗情画意的人来说，这幅图景肯定要比锥体和圆柱更动人。且不说两人因何如此般配，仅仅是他们的外貌，就很耐看，就连律师都不禁对此发出感叹，但旋即这幅画面就发生了变化。

詹姆斯·马斯格雷夫上尉看向外面的大厅，他充满笑意、得意洋洋的双眼被什么东西吸住了，这似乎让他从头到脚换了个人。布朗神父仿佛得到了不祥的预兆，朝四下里打量。他看到了一张阴沉得几乎是死灰色的脸，这张脸属于那个一身绯红、顶着狮鬃般金黄色头发的高大女人。她总是一副后背微弓的样子，好像一头压低了犄角、蓄势待发的公牛，她面无血色的神情令人压抑，又使人迷惑，以至于没有人再去留意她身边留着大胡子的小个子男人。

马斯格雷夫朝大厅中央她那边走过去，看起来像是一座漂亮的蜡像在僵硬地行走。他对着那个女人耳语了几句，女人没回话，但是他们一起转身离开，一路走过通道，似乎在争执什么，脖子粗壮，留着胡子的矮小男人紧随其后，仿佛一个怪诞的精灵跟班。

“主啊！”布朗神父皱眉望着他们的背影，小声嘀咕说，“那个女人到底是什么人呀？”

“幸好她不是我的朋友，”格兰比冷言冷语又有些轻佻地说，“看样子跟她调调情都可能送命，对吧？”

“我认为上尉并没有跟她调情。”布朗神父说。

与此同时，他们提到的那几个人转过通道尽头，并且分开了，马斯格雷夫上尉急匆匆地走回来找他们。

“嘿！”他喊道，语调很自然，不过他们都发觉他的脸色已经变了，“实在抱歉，格兰比先生，我明天恐怕不能与你一起去北方了。当然，你还可以坐我的车去。请别客气，我用不着它。我——我要去伦敦几天。你要是愿意的话，可以带个朋友一起去。”

“这是我的朋友，布朗神父——”律师说。

“既然马斯格雷夫上尉如此盛情邀请，”布朗神父严肃地说，“我想我能给格兰比先生的调查帮上忙，而且如果我能去的话，会深感宽慰。”

就这样，到了第二天，一位气质优雅的司机驾着一辆精致典雅的小汽车一路向北，飞驰在约克郡的荒野上。只是车上的乘客显得格格不入，一位神父，看着像个黑色的大包袱，而那个律师，则从来都是靠着两条腿到处跑，并不习惯坐在别人的车上飞奔。

在旅途中，他们曾在西区[①]的一处大峡谷中愉快地小憩，住在一座舒适的小旅店里并在那里用餐。隔天一早他们再次启程，开始沿着诺森伯兰郡的海岸线一路狂奔。终于，他们到了一处乡下地方。那里像是沙丘组成的迷宫，海边的草地层层叠叠，在正中心矗立着一座古老的边防城堡。它依然保有其独特的样式，而且已经鲜为人知，成了对过去边境上战事的纪念碑。他们顺着深入内陆的狭长海域边上的小路往前走，直到这片海湾最终缩窄成一条类似运河的天然水道，直通城堡的护城河，就这样他们终于找到了城堡。这座正方形的城堡货真价实，诺曼人将这种样式的城堡盖得到处都是，从加利利直到格兰扁山区。他们发现城堡真的配有闸门与吊桥，而切切实实地提醒他们注意这一点的，却是耽搁了他们进城堡的一个意外情况。

他们蹚过又粗又长的蓟草，来到护城河岸边，河水像是一条黑色的绶带，河面漂浮着残枝枯叶，仿佛镶了金的乌木。越过黑绶带一两码就是绿色的对岸，还有门口的巨大石柱。急脾气的格兰比向对岸闸门后模糊不清的人影打招呼，不过看来这座孤零零的堡垒极少有人来，因为那边的人往下放生锈的大吊桥时明显费了不小力气。它开始向下落，好像一座高塔向他们倒过来，然后就卡住了，以一个挺吓人的角度杵在了半空中。

---

① 西区：又译“西赖丁”。英国英格兰约克郡的旧区，今分别为北约克郡和西约克郡的一部分。

格兰比在岸上急得直跺脚，他大声对同伴说："噢，我真受不了这些老古董！哎，我还不如跳过去。"

以他的性格哪里等得了，他迫不及待地跳上去，落地时有点踉跄，但还是平安地到了对岸。布朗神父的小短腿可不适合跳远。他落到泥水里，溅起一片水花，不过与别人不一样，他对这件事满不在乎。还好他的伙伴眼疾手快，他才没陷得更深，但在被拉上有些泥泞的绿色河岸以后，他只顾弯腰看着长满草的山坡上的某处。

"你在研究植物吗？"格兰比急躁地问，"我们可没时间等你采集稀有植物。你不是刚才还扎到水里，打算测测水深吗！快走吧，别管身上有没有泥了，咱们得去见从男爵了。"

他们一走进城堡，就有一位老仆人彬彬有礼地接待了他们，不过这也是他们见到的唯一一位仆人。表明来意之后，老仆人领他们来到一间装饰着橡木墙板的长形房间，屋里的格子窗都是老旧样式的，暗色的墙上挂满来自不同时期的兵器，全都对称摆放，一套完整的14世纪盔甲立在大壁炉的一旁，好像一名哨兵。穿过一扇半掩着的门可以看到，在另一个长房间中挂着一排深色的家族肖像。

"我觉得我这不是进了屋子，而是掉到小说里了。"律师说，"我真不知道还有人保持着《奥多芙的神秘》[①]中的风格。"

"是啊，的确体现了老先生对历史一贯抱有的狂热，"神父答道，

① 《奥多芙的神秘》：哥特小说，作者为英国女作家安·沃德·拉德克利夫，奥多芙是书中一座古堡的名字。

“这些东西也都不是赝品。收集这些的人很懂行，不会以为中世纪的人都生活在同一时代。人们有时会把不同时期的配件拼凑成一套盔甲，但眼前这个很完整，不是拼凑的。你瞧这是一套晚期的比武用盔甲。”

“我看他是个晚到的主人，如果可以这么说的话，”格兰比抱怨道，“他居然让我们等这么久。”

“你要这样想，在这种地方，凡事节奏都很慢，”布朗神父说，“要我说，两个陌生人居然跑来问他极为私密的问题，他愿意见我们就不错了。”

实际上，当城堡的主人出现时，他们也没有理由再抱怨自己的境遇了，而是把注意力集中到对方的行为举止上。尽管他独自生活在荒郊野岭，常年在乡下百无聊赖，但却毫不费力地继承了传统，保持着尊贵的气质。面对难得一遇的访客，从男爵丝毫没有惊讶或者尴尬的神色。即使他们猜测对方已经有小半辈子没在家里接待过陌生人了，可他表现得就像刚刚恭送了几位公爵夫人离开。当他们提及此行的目的是为了核实一些很私人的问题时，从男爵既没有表现出羞怯，也没显得不耐烦。老人漫不经心地想了一会儿，似乎意识到，既然是这种情况，他们的好奇心也是可以理解的。他是个清瘦的人，看起来是个热心肠的老绅士，有两道浓黑的眉毛，长下巴，头上精致的卷发无疑是假发，他很明智，知道老人就该戴一顶灰白假发。

“关于你们最关心的那个问题，”他说，“答案其实很简单。我决意将全部财产传给我儿子，就像我父亲传给我一样，不会有任何事——我这话是经过深思熟虑的，不会有任何事——能让我做出其他选择。”

“这让我非常感激，”律师回答说，“不过，你的善良也使得我要对你说，这种说法或许太绝对了。我不是说你儿子有可能会做任何事，让你对他继承财产的资格产生怀疑。即便如此，他可能——”

“确实，”约翰·马斯格雷夫爵士面无表情地说，“他有可能。说有可能都太客气了。请你们随我到隔壁房间来一下。”

他引着两人继续往里走，进了画廊，也就是之前他们瞥见的那一间，神情肃穆地站在一排昏暗的肖像前。

“这位是罗杰·马斯格雷夫爵士，”他指着一张戴着黑色假发的长脸说，“在奥兰治亲王威廉[1]那个乌烟瘴气的时代，他是最卑劣的骗子和无赖，曾经背叛过两任国王，还可能谋杀过两位妻子。那是他的父亲，罗伯特爵士，一位绝对诚实的老骑士党人。那一位是他的儿子，詹姆斯爵士，一位尊贵的雅各派烈士，最早提出要向教会与穷人做出补偿的人。在马斯格雷夫家族中，财富、荣誉、权力可以从一个善良的人传给另一个善良的人，中间出个坏人又有什么关系呢？爱德华一世将英格兰治理得很好，爱德华三世也将荣耀洒遍英格兰。在这前后两个光荣时期的中间，却出了个声名狼藉、愚蠢无能的爱德华二世[2]。他对加弗斯顿宠幸有加，被罗伯特·布鲁斯打得抱头鼠窜。相信我，格兰比先生，在历史上，在伟大的家族中，即使偶尔出现几个不能为其增光的败家子，也不会妨碍它的卓越。

---

① 奥兰治亲王威廉：即出身于荷兰奥兰治家族的英格兰王威廉三世，兼苏格兰王威廉二世。1688年，英格兰发生“光荣革命”，威廉在自由议会的邀请下登陆英格兰。1689年，詹姆斯二世退位，威廉与妻子玛丽二世共同继承王位，开创君主立宪制政体。

② 爱德华二世：英格兰国王，因宠幸佞臣加弗斯顿，遭到贵族们的反对。1314年，爱德华二世率军在班诺克本战役中被罗伯特·布鲁斯率领的苏格兰军队打败。

我们家的财产是父子相传的，也会一直这样传下去。你可以放心，先生，也可以让我儿子放心，我才不会把钱财留给流浪猫收容所。哪怕天塌下来，马斯格雷夫家的财富也只会留给姓马斯格雷夫的人。”

“是的，”布朗神父若有所思地说，“我明白你的意思。”

“我们很愿意，”律师说，“向你儿子传达这个保证。”

“你可以这样告诉他，”主人严肃地说，“无论如何，他都一定能得到城堡、头衔、土地和金钱。只有一个小小的私人附加条件，不管是什么情况，在我有生之年都不会见他。”

律师保持着一贯的恭敬态度，但此时却恭敬地瞪着对方。

“为什么呢？他到底怎么——”

“我是个孤僻的绅士，”马斯格雷夫说，“同时也是一大笔财产的保管人。我的儿子做了一件极其可怕的事，因此，别说是绅士，他都算不上是人了，简直十恶不赦。你们还记得道格拉斯在他的客人玛米恩[①]伸手要与他握手的时候说了什么吗？”

“记得。”布朗神父说。

“我的城堡属于我的国王，从角楼到基石都是，”马斯格雷夫说，“道格拉斯的手则是他自己的。”

他转过身，带着两位茫然的访客回到另一间房里。

“我希望你们能用些茶点，”他用同样温和的语调说，“要是你们对回程不放心，我很高兴在城堡里款待你们一晚。”

---

① 玛米恩：与前文中的道格拉斯都是英国作家沃尔特·司各特的长诗《玛米恩》中的人物。

“谢谢你，约翰爵士，”神父闷声说，“我看我们还是告辞的好。”

“我马上叫人去放下吊桥。”他们的主人说。不久，城堡里就回响起巨大的老旧设备运转的嘎吱声，好像是磨坊刺耳的研磨声。虽然吊桥锈的厉害，但这一次却很顺利地放了下来，两人又站在了护城河外绿草茵茵的岸边。

格兰比的身体突然抖了一下。

“他儿子到底干了什么事？”他大喊道。

布朗神父没答话。他们再次坐上车，驱车前往不远处一个叫格瑞斯通的村子，并在村里的“七星”旅店前下了车。此时律师有些吃惊地听到神父说不打算往前走了，换句话说，他要在附近住段时间。

“我不能这样一走了之，”他严肃地说，“我要把车打发走，你也随车回去吧！你的问题已经得到解答了，余下的事很简单，就看你的事务所能拿出多少钱投在小马斯格雷夫的前程上了。但是我还有疑问，不知道他是否适合做贝蒂的丈夫。我必须查明他是不是真的做过什么可怕的事，还是说那只是老疯子的臆想。”

“可是，”律师反对道，“要是你想了解他的事，怎么不去找他？这荒郊野岭的，他连来都不来，你待在这儿干什么？”

“我去找他有什么用？”另一位问，“那毫无意义，难道要在邦德大街上追上一个时髦的年轻人说：‘打扰一下，你是否犯过非人的可怕罪行？’要是他真那么坏，那一定会矢口否认。我们根本搞不清是怎么回事。那样行不通。了解内情的只有一个人，哪天行为乖张的老贵人再次无端发火，就有可能说出实情。我要留在他附近。”

布朗神父真的留在了怪僻的从男爵附近，而且确实不止一次与他偶遇，双方都尽可能表现得很客气。以从男爵的年纪来看，他实在是精力充沛，健步如飞，经常能见到他噔噔地穿过村庄或是乡间小路。来到这里的第二天，布朗神父出了旅店去往铺着卵石的集市，正好看到那个熟悉的身影大步流星走向邮局的方向。他低调地穿着一身黑衣，但是饱满的面孔在强烈的日光下分外惹眼。他的一头银发、浓黑的眉毛和长下巴，让人不由得想起亨利·欧文[①]或者另一位著名演员。除了头发花白，他的身体就像脸上表现出来的一样健壮，而他拿手杖的样子更像是拎着棍棒，而不是拄着拐杖。他向神父打招呼，说话的风格依然是直奔重点，就像前一天一样。

“要是你仍然对我儿子的事感兴趣，”他说这话的时候，一脸冷漠，“你恐怕没多少机会能见到他。他刚出了国。咱们私下里讲，我看他是逃离了这个国家。”

“的确是。”布朗神父面无表情地盯着他说。

“有个我从来没听说过的人，叫格鲁诺夫，总缠着我打听我儿子的下落，”约翰爵士说，“我来这里就是为了发封电报告诉他们，据我所知，我儿子住地的邮件代收处在里加[②]。就连这事都很烦人。我昨天就要发电报，可是晚来了几分钟，邮局关门了。你要在此长住吗？我希望你能再来做客。”

---

① 亨利·欧文：英国演员、剧场导演。因扮演众多莎士比亚戏剧中的人物赢得广泛赞誉。1895年成为第一位受封爵士的演员。

② 里加：拉脱维亚首都，波罗的海重要的港口城市。

当神父向律师讲述他在村里与老马斯格雷夫的简短交谈时，律师既困惑又好奇。“上尉为什么要跑呢？”他问，“那些要找他的都是些什么人啊？格鲁诺夫又是谁？”

“第一个问题，我也不知道答案。”布朗神父回答说，“其次，也许他的秘密罪行曝光了，我估计有人正为这事敲诈他。第三个问题，我想我知道一些。那个可怕的黄发胖女人就是格鲁诺夫太太，那个矮小的男人应该是她的丈夫。”

又过了一天，布朗神父疲惫地走了回来，随手放下他那把黑雨伞，好像是朝圣者放下了行李。他的神色有些沮丧，明显是与他的犯罪调查有关。不是因为失败而沮丧，却是因为成功而沮丧。

“真是惊人啊！”他闷声说，“但是我早该猜到，我一进他家见到那些陈设就该猜到。”

“什么陈设，你什么时候见到的？”格兰比急不可耐地问。

“当我见到只有一副盔甲的时候。”布朗神父回答说。有那么一会儿，律师只是盯着他的朋友，谁都没出声，随即神父又继续说：“那天，我正要对外甥女说，只有两种人会在独自一人时发笑。可以这么说，不是最好的人，就是最坏的人。你看，他可能在向天主吐露心声，也可能在跟魔鬼说笑话。但不管怎么说，他心里是有秘密的。唉，真的有一种人会跟魔鬼说笑话。他并不介意没人理解它，因为他不会允许有人活着听到这个笑话。笑话本身就可以称得上是阴险恶毒的。”

“你在说什么呀？”格兰比质问道，“你说的是谁？我是说，那都是些什么人？与撒旦陛下分享恶毒玩笑的那个人是谁？”

布朗神父从对面看着他，露出一个吓人的笑容。

“啊哈！”他说，“就是那样一个笑话。”

又是一阵沉默，但这次不仅仅是无言的沉默，而是有种紧张的压抑感，犹如由黄昏渐渐入夜时分的暮霭重重地压在他们身上。布朗神父麻木地坐在那边，手肘撑在桌子上，说话时声音还是那么平淡。

“我对马斯格雷夫家做了些调查，”他说，“他们家人一向是精力充沛又长寿的，我想即使以正常的情形来看，你们要想拿回钱，也是有的等了。”

“我们做好心理准备了，”律师回答说，“但是总不至于永远等下去。老人就快80岁了，不过他还能四处走动，而且旅店里的人都笑称，他会长生不老的。”

布朗神父以少见的敏捷蹦起来，但手还放在桌子上，向前倾身与他的朋友脸对脸。

“就是这个，”他低沉却又兴奋地叫道，“这是唯一的问题。这是唯一真正的难题。他会怎么死呢？他究竟会有怎样的死法？”

“你究竟什么意思？”格兰比问。

“我是说，”阴暗的房间中传出神父的声音，“我知道詹姆斯·马斯格雷夫犯了什么罪。”

神父的声调中蕴含着如此彻骨的寒意，格兰比禁不住浑身颤抖，他又咕哝着问了一句。

“这真是万恶的罪行，”布朗神父说，“至少多数社群和团体是这样认为的。早在远古，这种罪行就要在部落或者村子中受到严惩。不管怎么说，我知道了小马斯格雷夫干了什么以及为什么要那样干。”

“他干什么了？”律师问。

“他杀害了他父亲。”神父答道。

听了这话，律师腾地站起身，隔着桌子皱起眉头盯着神父。

“可他父亲就在城堡里。”他尖声叫道。

“他父亲在护城河里。”神父说，“我看到那副盔甲时就觉得有些不对劲，我真蠢，居然没想到。你还记得那个房间的样子吗？其中的装饰与布置是何等的精心？两柄战斧交叉摆在壁炉的一侧，又有两柄摆在另一侧。一扇墙上挂着一面苏格兰圆盾，另一扇墙上也挂着一面。壁炉一侧立着一套盔甲，但另一侧却是空的。我不相信一个把房间其余部分布置得极端对称的人，会留下一处不协调的地方。一定有另一个人穿了盔甲。他遇上了什么事呢？”

他停了一会儿，接着又言之凿凿地说：“你仔细想想，这是个极好的谋杀方案，一劳永逸地解决了处理尸体的实际问题。尸体可以在比武用的全副盔甲中藏几个小时甚至几天，仆人们来来往往，谁也注意不到，直到凶手找到机会趁着夜色把它拖出去，沉到护城河里，连桥都不用过。然后他便有了脱身的好机会！尸体在浑浊的水中一腐烂掉，就成了14世纪盔甲中的一副枯骨，这种东西在古老的边境城堡护城河中很寻常。应该不会有人去那里找什么，就算有人去了，他们也只能找到我刚才说的东西。对此我是有根据的。当时你说我在寻找珍贵植物，如果你能原谅我开个玩笑的话，那可是一株意义重大的植物。我在河岸上看到了陷得很深的脚印，可以肯定那是一个分量很重的人或者在搬运重物的人留下的。同时，我还从另一件小事得到了启示，就是我那像猫一样优雅的一跳。”

“我已经晕头转向了，”格兰比说，“不过我已经开始对这一场噩梦是怎么回事有些头绪了。你，还有你猫一样的一跳是什么意思？”

“今天在邮局，”布朗神父说，“我无意间确证了昨天从男爵对我说的那番话，他说他前天到邮局时刚好关门了——就是说，他不仅是在咱们到他家那天去的邮局，而且正好赶上咱们到他家那段时间去的。你明白这意味着什么吗？这意味着他是在咱们叫门时出去的，让咱们一直等到他回来，因此咱们才等了那么久。当我想到了这一点，这件事的全貌就立刻呈现出来了。”

“哦，”另一位急切地说，“到底是怎么回事？”

“七八十岁的老人能四处走动，”布朗神父说，“一个老人可以走出很远，可以在乡间小路上漫步。但老人是跳不起来的。他的跳跃能力恐怕连我都不如。可是，如果他是在我们等待时回来的，他进门的方式必须跟我们的一样——跳过护城河——因为吊桥是后来才完全放下去的。我猜是我们来的不是时候，他才有意拖延，没把吊桥全放下来，不然的话，怎么那么快就修好了。但这不重要。我想象着那个银发黑衣人在护城河上一跃而过的情景，我当即明白了那是一个装扮成老头的年轻人。整件事就是这样的。”

“你是说，”格兰比缓慢地说，“那个讨人喜欢的年轻人杀了他父亲，先把尸体藏到盔甲中，再扔进护城河，还伪装成父亲的样子什么的？”

“他们的长相几乎一模一样，”神父说，“你可以从家族肖像中看出他们家人有多么相像。至于你说他伪装成父亲。其实每个人的着装都是种伪装。老人用假发伪装自己，而年轻人用外国样式的胡子。当他刮掉胡子，把假发套在短发上以后，再化点妆，简直和父亲一模一样。现在你应该明白，他为什么如此客气，请你第二天乘车过来。因为他自己要连夜乘火车赶过来。他要赶在你前面，先犯下罪行，再做好伪装，为遗产问题的会谈做足准备。”

“啊，”格兰比若有所思地说，“关于遗产问题的会谈！你是说，真正的老男爵来谈判的话，会是另一种结果。”

“他会直白地告诉你上尉一个便士也甭想拿到。”布朗神父说，“这套计划，虽然很古怪，却是唯一能阻止他告诉你这些的办法。不过我想请你回味一下那家伙对你说的话有多么狡黠。他的计划同时解决了好几个问题。他因为作恶被那些俄国人敲诈，我想是因为在战时有过叛国行为。他趁这个机会摆脱了他们，也许还能把他们一路引向里加。但是最精妙的地方就是他宣布承认儿子为继承人，但又不拿他当人看。你没发现吗，如此一来，遗产的事定下来了，同时还为紧接着的最大难题提供了某种答案？”

“我发现了不少难题，”格兰比说，“你指的是哪一个？”

“我指的是如果儿子没有被剥夺继承权，那么父子永远不见面看起来就很奇怪。他通过私下里宣称父子绝交便解决了这个问题。所以只剩下一个难题了，要我说，那位先生很可能正在犯愁呢——究竟老人要以何种方式死去？”

“我只知道他有多该死。”格兰比说。

布朗神父显得有些困惑，更加心不在焉地继续说。

“这还不算完，”他说，“他中意的那套理论另有更——嗯，更深层的含义。那让他能体验到近乎疯狂的智力上的愉悦，以一种身份向你诉说他在另一种身份下犯的罪——而且他确实那样干了。这就是我所说的恶毒的讽刺，与魔鬼分享的玩笑。我给你讲一点人们所谓的悖论如何？有时候说实话本身就是一种饱含邪恶的乐趣，尤其是可以通过实话误导所有人的时候。因此他喜欢做出装成别人的滑稽举动，借此往自己脸上抹黑——只不过他真的做了那些坏事。这也是为什么我外甥女会听到他自己在画廊里发笑。”

格兰比略微一惊，好像一个人撞上了什么，如梦方醒。

“你外甥女，”他大叫，“她母亲不是想让她嫁给马斯格雷夫吗？我想她是看中了他的财产和地位吧！”

“是啊！”布朗神父冷淡地说，“她母亲在婚姻的事上一向是很谨慎的。”

梅鲁神山的红月亮

大家一致认为马洛伍德修道院的义卖集市（在蒙特伊格尔勋爵夫人的慷慨许可下）取得了巨大成功。那里有深受人们喜爱的木马、秋千和穿插的小表演，逗得大家都很开心。我还要提一下慈善，那可是整场活动的重中之重，不过要是有谁能告诉我在做什么慈善活动就好了。然而，我们在这里只关注当中的几个人，尤其是那三位，一位女士和两位绅士，他们正从两个最大的帐篷或亭子中间穿过，高声争辩着走来。他们的右手边是神山大师的帐篷，就是那个闻名遐迩、通过水晶球和看手相来占卜命运的算命先生。那是一顶深紫色帐篷，周身上下用黑黄两色绘满了手脚摊开的亚洲神像，就像八足动物一样挥动着无数条臂膀。那或许象征着神灵随时会下来帮助帐篷里的人；那或许仅仅暗示，一个理想的手相家就应该尽可能多长几只手。另外一边则是颅相学[①]家弗洛索的帐篷，相比之下就要朴素

① 颅相学：分析人的心理与头颅外形特征之间关系的学说。19世纪初德国医生、解剖学家加尔首先提出，并称之为“人相学和头盖学”，通称“脑和头盖说”，后被成为“颅相学”。该理论认为，头盖骨的外部结构与其内部脑的结构相关，同时心理特征与颅骨形状之间也存在一定关联。颅相学在西方科学界兴盛了一个世纪之后，被脑生理学逐渐取代。

得多。上面简单地饰有苏格拉底和莎士比亚的头颅分析图，那两人的颅骨显然都属于凸起型。不过这些图只是用黑白两色绘制，并标注着数字和简要说明，正符合纯理性科学的严谨风格。那个紫色帐篷的入口像个漆黑的洞穴，里面也是恰如其分地悄无声息。但是颅相学家弗洛索，形容消瘦、衣着寒碜、肤色黝黑、蓄着令人难以置信的大黑胡子，此时却站在自己的神殿外头，扯着嗓门漫无目的地大嚷大叫，解释每个过路者的头颅，一经检查，无疑都会跟莎士比亚的头颅一样凸起。事实上，那位女士一出现在两家的帐篷之间，警觉的弗洛索就扑了上去，摆出古老的行礼姿势献殷勤，提出要摸一摸她头上的隆起部位①。

她本打算礼貌地加以拒绝，实际表现却显得相当粗鲁。但是你一定得原谅她，因为她正在与人争辩什么。你一定得原谅她，或者说无论如何得原谅她，也因为她是蒙特伊格尔勋爵夫人。不过，从任何一种意义上说，她都不是无足轻重之人。她既端庄秀美，又野性十足，深陷的黑眼睛里露出一种相当饥渴的眼神，笑容之中也含有某种急切的甚至是有点狂热的神情。她的裙装在当下看来甚是怪异，因为那是第一次世界大战前的风格，现在大战已成过往，留给人们的只有沉重的心绪和回忆。那裙装确实跟那紫色帐篷很像，都是某种半东方的风格，上面绘着具有异国情调的神秘图案。但是人人都知道芒特伊格尔夫妇疯疯癫癫的，一提起她和她丈夫如何迷恋东方教义和文化时，人们通常都会这么说。

勋爵夫人的怪诞跟两位绅士的传统形成了鲜明的对比，他们像古代人

① 隆起部位：位于头盖骨上。颅相学家认为它象征着才能。

那样裹得严严实实，上至他们鲜艳的大礼帽，下至手套的指尖都毫无例外。然而即便如此，也还是有区别的，因为詹姆斯·哈德卡斯尔能让自己看上去既得体又高贵，汤米·亨特则只是显得得体却很平庸。哈德卡斯尔是个有前途的政客，在社交场合显得对事事都感兴趣，但政治除外。或许他会悲观地解释说每个政客都注定是有前途的。不过说句公道话，他常常表现得像个善于表演的政客。然而，集市上却没有给他留个紫色帐篷，供他表演。

“就我而言，”他说着眯起眼睛隔着他的单片眼镜往外看，那是他那张僵硬冷峻的脸上唯一的亮点，“我认为我们先要穷尽催眠术的种种可能性，然后再谈论魔法。奇特的心理力量无疑是存在的，即便是在明显很落后的民族。托钵僧[①]就有过绝妙无比的举动。”

“你是说骗子[②]吗？”另外一个年轻人问道。他的怀疑中透着一股天真。

“汤米，你就是傻！”那位女士说，“为什么不懂的事情你还要瞎掺和呢？就像个小学生，大声嚷嚷说自己知道戏法是如何变出来的。那太像生活在维多利亚时代早期的人了——那种小学生式的疑神疑鬼。至于催眠术，我怀疑你们是不是把它夸大到了——”

正在这时，蒙特伊格尔勋爵夫人似乎瞥见了某个她想要找的人，一个穿着黑衣、身材粗短的身影，正站在一个亭子里，那里有群孩子正对着桌上丑陋无比的饰物扔套圈呢。她一个箭步冲过去，嚷嚷道：“布朗神父，

---

①② 托钵僧和骗子在英文中发音相似，文中有意造成曲解。

我正找你呢。想问你点事：你相信算命吗？”

被问者甚是无助地看着自己手中的套圈，最终开口说：“我不知道你所说的是哪种意义上的‘相信’。当然，如果说那一切都是骗局的话——”

“哦，但是神山大师可不是什么骗子，”她叫起来，“他可不是普通的魔术师或者算命先生。他愿意屈尊在我主办的活动中给人算命可真是我莫大的荣幸，他在自己的国家是个伟大的宗教领袖，是一位先知和预言家。就连算命他也不是算你能否发财之类低俗的东西，他会告诉你伟大的精神真谛，关于你自己，关于你的理想。”

“正是如此，”布朗神父说，“那正是我反对的。我正想说如果一切全是骗局。我倒不会这么在意了。跟集市上兜售的大部分花哨的东西没什么两样，都算不上是骗局；而且，在某种程度上，那不过是一种恶作剧。然而要说它是一种宗教，要揭示什么精神真谛的话，那就跟地狱一样邪恶了，我是唯恐避之不及的。”

“那有点像悖论。”哈德卡斯尔微笑着说。

“我不认为其中存在任何悖论，”神父思忖着说，“那在我看来再清楚不过了。我想如果有个人伪装成德国间谍，向德国人提供各种各样的假情报，那倒没有多大危害。但如果一个人把真相出卖给德国人的话——哦！所以我想，如果一个算命先生像那样出卖真理的话——”

“你真的认为？”哈德卡斯尔阴沉着脸开口问道。

“对，”对方说，“我想他是在跟敌人进行交易。”

汤米·亨特呵呵笑了起来。“哦，”他说，“如果布朗神父认为他们只是行骗就还能算是好人的话，我认为他会把这个古铜色的先知看作一位圣人的。”

“我的表弟汤姆可真是不可救药，”勋爵夫人说，“他总是处处想表现得自己是个行家，连他自己都这么说。他是听说大师会在这里才匆匆赶来的，我想。他没准还试图挑战佛陀或摩西呢！”

“我觉得你需要有人照顾着点，”那个年轻人说，圆圆的脸上绽开一个大大的笑容，“所以我就来了。我不喜欢这个四处晃荡的棕色猴子。”

“你又来了！”勋爵夫人说，“很多年前，在印度的时候，我想我们全都对棕色人种抱有那种偏见。但是如今了解到一些他们神奇的精神力量以后，我很高兴地说我通达多了。”

“我们的偏见似乎背道而驰，”布朗神父说，“你是因为他的名望才原谅了他的棕色肤色，而我是因为他是棕色肤色才原谅了他的名望。老实说，我自己并不十分看重精神的力量。我更同情精神上的软弱。但是我始终弄不明白，为何会有人仅仅因为他跟铜、咖啡、栗色啤酒或者北方的那些浑浊溪流是同一种颜色就讨厌他。但是，”他看着对面的那位女士，眯起眼睛，补充道，“我想我对任何棕色的东西反倒有些偏爱[①]。”

“你瞧！”勋爵夫人得意洋洋地嚷了起来，“我就知道你是在胡说八道！”

“哦，”那个受了委屈的圆脸青年嘟囔道，“别人明明说的合情合理，你却偏说那是小学生在疑神疑鬼。什么时候去看水晶球占卜呢？”

---

① 布朗神父的名字英语写法是“Brown”，同时也有“棕色”的含义。

“你愿意什么时候就什么时候。估计，”勋爵夫人答道，“事实上，并不是水晶球占卜，而是看手相。我想你会说那有什么区别，都是胡说八道。”

“我想在合情合理和胡说八道之间还有折中的说法，”哈德卡斯尔微笑着说，“有些解释很自然，一点也不荒谬，然而结果却很匪夷所思。你想去试一试吗？我承认自己可是心里痒痒的。”

“哦，我对这种胡说八道可没有什么耐心。”那个怀疑论者气急败坏地说，他的圆脸因为不屑和怀疑已经涨得通红，“你们尽管把时间浪费在江湖骗子身上好了。我宁愿去套椰子。”

那个依然在近旁徘徊的颅相学家，一个箭步冲向入口处。

“头骨，我亲爱的先生，”他说，“人头骨的轮廓可比椰子精致多了。什么椰子都比不上自己那最为——”

哈德卡斯尔已经一头扎进了那紫色帐篷黑乎乎的洞口，他们听见里面有喃喃低语声。当汤姆·亨特不耐烦地回应那个颅相学家，对自然科学和超自然科学之间的界限表现出令人遗憾的冷漠时，勋爵夫人也正要跟矮个子神父继续争论下去，但她突然惊讶地停了下来。只见詹姆斯·哈德卡斯尔又走出了帐篷，在阴郁的表情和闪亮的单片眼镜的映衬下，他的诧异显得更加强烈和突出。“他不在里面，”政治家唐突地说，“已经走了。有个老黑鬼，可能是大师的随从，含混不清地跟我说什么大师已经走了，因为他不愿在此用神圣的秘密换取金子。”

蒙特伊格尔勋爵夫人容光满面地转向其他人。“你瞧，”她叫起来，“我说过，他的境界可比你想象的要高出一筹！他讨厌待在闹哄哄的人群里，自己避世独处去了。”

“抱歉，”布朗神父严肃地说，“或许我错怪他了。你知道他去哪里了吗？”

“我想是的，”女主人同样严肃地说，“他想要独处时，总是会去回廊，就在房子左翼的尽头，我丈夫的书房和私人博物馆后面，你是知道的。或许你听说过这房子曾经是个修道院。”

“我有所耳闻。”神父回答道，脸上露出淡淡的微笑。

“我们可以去那里，如果你愿意的话。”勋爵夫人轻快地说，“你真应该去看看我丈夫的藏品，无论如何要看看那个红月亮。你听说过梅鲁神山的红月亮吗？对，那是块红宝石。”

“我很乐意去看看那些藏品，”哈德卡斯尔轻声说，“包括神山大师，如果那位先知也是博物馆的一件藏品的话。”他们都转向通往那家房子的路上。

“不管怎么说，”殿后的怀疑论者托马斯咕哝道，“我也很想知道假如不是来算命的话，那个棕色的畜生究竟来此有何贵干。”

他抽身离开时，不死心的的弗洛索还在后面又追了一大步，几乎要抓住他的上衣后摆了。“隆起部位——”他开口道。

“没有隆起的部位，”那青年说，“只有一肚子气。我每次来看蒙特伊格尔夫妇，都被气得够呛！”他拔腿就跑，挣脱了颅相科学家的追逐。

在去回廊的路上，来访者必须穿过一间长形屋子，这里就是蒙特伊格尔勋爵那个非凡的私人博物馆，专门收藏亚洲的咒符和吉祥物。透过一扇敞开的门，他们能看见对面的一排哥特式尖拱。阳光从尖拱之间照射进来，映亮了那个四方庭院，昔日的修士们曾经沿着周边带顶的回廊游走。然而他们必须经过一个乍一看比修士的幽灵还更奇特的东西。

那是一位年迈的绅士，从头到脚一袭白衣，头上包一条浅绿色头巾，但却有着英国人白里透红的肤色，还蓄了顺溜的白胡子，酷似某个和蔼的侨居印度的英国上校。此人便是蒙特伊格尔勋爵，他比他妻子对东方的乐事更着迷，或者至少可以说更严肃。他张口闭口都是东方宗教和哲学，别的一概不谈，甚至觉得有必要穿成东方隐士的样子。尽管他很高兴展示自己的宝贝，但他好像更看重它们象征的真理，而不是收藏价值，更别说现金价值了。他拿出那颗巨大的红宝石展示给大家，按价格来衡量，它或许是博物馆里唯一价值连城的东西。可他好像也只对它的名称更感兴趣，而不是它的大小，更别说价格了。

其他人都直勾勾地盯着那颗大得惊人的红石头，像透过血雨去看一簇熊熊的篝火。然而蒙特伊格尔勋爵却若无其事地拿在手掌里滚来滚去，看都不看一眼。他盯着天花板，滔滔不绝地给他们讲一个有关梅鲁神山的传奇故事。还有，在诺斯替教派的神话中，无名的原始力量是如何在那里较量的。

在那关于诺斯替造物主的讲演（还不忘提及它跟摩尼这一并行概念的关系）即将结束之际，就连老道的哈德卡斯尔先生也觉得该把话题引开了。他请求看看那块宝石，因为夜幕降临，那间只有一扇门的长屋子逐渐黯淡下来，于是他走到后面的回廊里，借着外边的光亮细细赏玩那块宝石。就在那时他们才第一次意识到神山大师的存在，那是一个缓慢的、几乎让人毛骨悚然的过程。

在原始结构上，这个回廊并没什么特别之处，只是有一堵齐腰高的矮墙将四方庭院周边内侧的一圈哥特式立柱和拱门连接起来了，如此就把哥特式的门改成了哥特式窗户，每扇窗户还配有一个石板窗台。这种改动或许发生在很久以前，但是同时还有一些更加奇怪的改动，那足以证明蒙特伊格尔勋爵夫妇与众不同的品味。那些立柱之间挂着薄薄的帘子或者垂幔，是由珠子或者轻藤条制成的，带着浓厚的欧洲大陆或者南方的风格。那上面还绘着亚洲风格的龙或崇拜物模样的色彩和图案，与灰白色的哥特式边框形成了鲜明的对照。但是，这处奇特的改装遮挡了一些光线，让黄昏中的庭院更显昏暗。就在这时，那几个人怀着迥然不同的感受突然意识到，此处稀奇古怪的事还真不少，刚才所见真不算什么。

在回廊中间的空地里，有一条铺着灰石的环形小道，饰以某种酷似人造草坪的珐琅镶边，整个效果就像在正方形中间画了一个圆。在其正中心，有一处隆起的深绿色喷泉，或者说是高出地面的水池，里面漂着睡莲，还有游来游去的金鱼。在夜幕的掩映下，一尊巨大的绿色人像立在它们的上方。那人像背对着他们，弓着背，全然看不见脸，显得那尊雕塑好像没有头似的。不过在朦胧的黄昏中，他们有些人还是能立刻看出那个黑乎乎的轮廓出自基督教中的形象。

几米开外，那个被称作神山大师的人正站在环形小道上，凝望着那尊巨大的绿色神像。他细长而精致的五官就好似某个能工巧匠制作出来的铜色面具。与此相反，他那深灰色髯须看起来几乎青得像靛蓝，起于颌下小小的一簇，而后像大蒲扇或者鸟翼一样延展开来。他一身孔雀绿长袍，光头上戴一顶非同寻常的高帽子，那是一种他们全都未曾见过的头饰，看起来与其说是印度风格倒不如说是埃及风格。那人瞪大眼睛站在那里，睁得像鱼眼一样的眼睛一动不动，看似绘在木乃伊棺材上的假眼睛。但是，尽管神山大师的身影足够奇异，那伙人中的某些人，包括布朗神父，却并没在看他，他们跟他一样正盯着那尊深绿色神像。

“在古老的修道院回廊里，”哈德卡斯尔皱着眉头说道，“立这么个玩意好像有些怪异。”

“嗨，别跟我说，你又要犯傻了，”蒙特伊格尔勋爵夫人说，“那正是我们的本意，把东方和西方的伟大宗教联系起来，佛陀和基督。你一定要懂得，所有的宗教本质上都是相同的。”

“果真如此的话，”布朗神父温和地说，“就没必要深入亚洲去搜罗来这么一尊神像了。”

“蒙特伊格尔勋爵夫人的意思是，它们属于不同方面或层面，就像这颗宝石有众多切面一样，”哈德卡斯尔开口说道。他对这一新话题来了兴致，顺手就把那颗大红宝石放在哥特拱门下方的石板窗台上了，“但这并不意味着我们可以把这些不同的方面混在一种艺术风格之中。你或许可以把基督教和别的混在一起，但你不能把哥特式同撒拉逊式混搭在一起，更不用说真正的印度式了。”

在他说话之间，神山大师就像个痊愈的僵住患者，表情凝重地围绕圆圈的另一小段打转，最后停在他们所在的那圈拱门外边，背对着他们，看向雕像的背面。很显然，他是在逐段绕圈，就像时钟的指针一样，只是每走一段都会停下来祈祷或冥想。

“他信什么教？”哈德卡斯尔问，稍稍有点不耐烦。

“他说，”蒙特伊格尔勋爵恭敬地答道，“那是一种比婆罗门教还古、比佛教还纯的宗教。”

“哦。”哈德卡斯尔应了一声，双手插在口袋里站着，继续透过单片眼镜去看。

“据说，”勋爵用他那柔和又像说教的口吻说道，“在梅鲁神山的石窟里坐落着一尊巨大的众神之神的雕像——”

勋爵大人平静的话语被身后一个突如其来的声音给打断了。声音来自那个黑暗的博物馆，他们刚刚才离开那里来到回廊上。听到那个声音，两位年轻的男子看上去先是不敢相信，后又转疑为怒，再后来几乎笑弯了腰。

“希望没有太过冒昧。”弗洛索教授，那个不屈不挠的真理追随者，用一种温文尔雅而又带有磁性的声音说道。“我想你们当中的某些人，或许能抽出点时间来听听备受忽视的头骨隆起学说，那——”

“听着，”鲁莽的汤米·亨特大声嚷道，“我头上没有任何隆起部位，但是你很快就会有一些，你——”

他冲进门时，哈德卡斯尔还稍加阻拦了一下，一时间那群人都转过头去，看着里屋。

事情正是在那一刻发生的。又是鲁莽的汤米第一个采取行动，但这次收效显著。说时迟那时快，在其他人什么都没看清、哈德卡斯尔也才猛然想起自己把宝石落在窗台上的一刹那，汤米已经像猫一样扑到回廊上，头和肩膀从两根立柱之间的空隙钻将出去，用一种响彻所有拱门的声音喊道：“我抓住他了！”

就在那一瞬间，在他们刚刚转过身、听到他胜利的欢呼之前，他们都看见了那一幕：在其中一根立柱的拐角处，一只手猛地伸进来又猛地缩了回去，那是一只棕色的或者说是古铜色的手，废铁的颜色，就像他们在别处见过的那样。那手如同一条出击的蛇一样笔直，又如同食蚁兽的长舌头一样猝不及防。但是它已经卷走了宝石。石板窗台在昏暗的暮色中显得空荡荡的。

“我抓住他了，”汤米·亨特气喘吁吁地说，“但是他在使劲挣扎。你们从前面包抄——他跑不掉的，不管怎么说。”

其他人应声而动，有些沿着走廊跑去，有些越过矮墙，结果就是哈德卡斯尔、蒙特伊格尔勋爵、布朗神父甚至还有甩不掉的颅相学家弗洛索先生这群人，很快将俘虏神山大师团团围住。亨特正用一只手拼命地抓住他的衣领，还时不时抖动两下，丝毫也不顾及先知这个尊贵阶层的颜面。

“现在我们抓住他了，不管怎样，”亨特说着舒了一口气，“我们只需搜一搜他。东西一定在。”

三刻钟过后，亨特和哈德卡斯尔在回廊里面面相觑，因为刚才的追捕，他们的大礼帽、领带、手套、鞋和鞋罩都被弄得不成样子了。

“哦，”哈德卡斯尔有所克制地问道，“你对这种神秘之事有何高见？”

“岂有此理！”亨特答道，“你不能说它神秘。哦，我们都亲眼见到是他拿的。”

“没错，”对方答道，“但是并非所有人亲眼见到他又把它丢掉了。神秘就神秘在，他把它丢在何处了，以至于我们竟然都找不到。”

“一定在某个地方，”亨特说，“你有没有搜过喷泉和那个老朽神像的周边？”

“我就差解剖那些小鱼了，”哈德卡斯尔说着举起他的单片镜，打量着对方，“你是否想起了波利克拉特斯①的戒指？”

很显然，透过眼镜观察到的那张圆脸让他确信，对方并没想到那个希腊传说。

“的确不在他身上，我承认，”亨特突然重复说道，“除非他吞了下去。”

“那我们也要解剖这位先知吗？”对方微笑着问道，“不过我们的主人来了。”

“真是件非常恼人的事。”勋爵说着，伸出一只紧张、甚至是哆嗦的手去捻他的白胡子，“家有内贼真是可怕，更不要说还跟大师扯上了关系。不过，我承认，他的话让我摸不着头脑。我希望你们能进去，看看怎么回事。”

他们一道进了屋，亨特却落在后面，跟布朗神父攀谈起来，后者已经在回廊里等得不耐烦了。

“你一定非常强壮，”神父乐呵呵地说，“一只手就制服他了，他可

① 波利克拉特斯的戒指：波利克拉特斯是公元前6世纪时希腊萨摩斯岛的著名僭主。据说，古埃及第26王朝阿马西斯法老即雅赫摩斯二世预见到他的盟友波利克拉特斯可能遇到祸患，只有显示谦卑才能自救。于是，他建议波利克拉特斯把自己最珍视的一枚祖母绿戒指扔到海里。后来，波利克拉特斯有次在家宴请客人，其中一位客人送来一条大鱼，在鱼肚中发现了那枚戒指。从那以后，西方人就有了这样一种认识：扔掉对你有用的东西，如果你够幸运，你还会重新得到它。

是挺有劲儿的，我们几个人就像印度神祇伸出八只手才把他按住。”

他们绕着回廊转了一两圈，聊个不停，然后也走进里屋去，神山大师正坐在一个长凳子上，形似囚徒，但神态却更似国王。

果如勋爵所言，他的神态和语调确实让人不容易理解。他言谈之间含有一种平静的然而又是秘而不宣的力量。他们指控他把宝石窝藏在什么地方时，他似乎觉得那很滑稽，当然他也没有表现出任何憎恨之情。他好像在嘲笑他们为了找回亲眼见他拿走的东西所做的努力，他的神情让人更加摸不着头脑。

“你们稍稍见识了，”他傲慢但满含善意地说道，“时空的法则，在这方面你们最新的科学也比我们最古的宗教落后了千年之久。你们甚至不知道藏匿一件东西意味着什么。不，我可怜的小朋友，你们甚至不知道看见一件东西意味着什么，否则你们就能像我一样把这事看得明明白白了。”

“你是说，它就在这里？”哈德卡斯尔粗暴地追问。

“‘这里’一词也有多种含义，”那个神秘主义者答道，“但是我并没说它在这里。我只是说我能看见它。”

一阵恼人的沉寂过后，他梦呓般地接着说：“如果你沉入无边的静寂，你觉得你能听见来自世界另一端的呐喊吗？一个独居在那山中的信徒的呐喊。原始神像就在那里，本身也似一座大山。有人说即便是犹太人也可能会对那尊神像顶礼膜拜，因为那绝非人工雕刻的。听！他呐喊着抬起头，看见那个经年累月空空如也的石孔里现出一个火红、狂暴的月亮，它就是大山之眼，你听见他的呐喊了吗？”

“难道你说的是，”勋爵心里一动，叫道，“你能让它从这里跑到梅鲁神山吗？我曾经相信你拥有强大的精神力量，但是——”

“或许，”大师说，“我有很多你压根就不会相信的东西。”

哈德卡斯尔不耐烦地站了起来，双手插进口袋在屋里踱来踱去。

“我从来就没有你那般相信，但是我也承认某种——特定类型的力量或许能……主啊！”

他那高亢、刺耳的声音戛然而止，他不再凝视，单片眼镜也从眼睛上滑了下来。他们都把脸转向同一方向，每张脸上仿佛都是同样僵住的表情。

梅鲁神山的红月亮就躺在石板窗台上，正是他们之前看到的样子。或许可以说那是燃烧的篝火迸溅的火花，或是破碎的玫瑰散落的花瓣，它正落在哈德卡斯尔之前随手放置的地方。

这一次哈德卡斯尔没有再去拿它，然而他的举止却值得注意。只见他慢慢转过身去，再次迈着大步在屋里踱来踱去，但是步履却似闲庭信步，与之前的焦躁不安大相径庭。最后，他停在坐着的大师面前，鞠了一躬，脸上挂着自嘲的微笑。

“大师，”他说，“我们都应该向你道歉，更重要的是，你给了我们所有人一个教训。相信我，它不光是个笑话，更会是个教训。我将永远记得你真的拥有非凡的力量，还有你无意用它危害他人。蒙特伊格尔勋爵夫人，”他转向她说道，“请原谅我先跟大师说话，但是不久前我有幸向你解释过，或许也可以说我在事情发生之前就解释过了。我告诉过你，这种事大部分都可以用催眠术来解释。很多人相信可以用此来解释所有那些关于芒果树和小男孩爬绳升空的印度故事。它并没有真的发生，而是旁观者被催眠了，以为它发生了。所以我们都被催眠了，误以为盗窃真的发生了。那只从窗外伸进来、掠走宝石的棕色的手只是一时的幻觉，一只梦中的手。问题是，看见宝石消失之后，我们就再也没去原地找过。我们冲到水池里，翻遍了每一片莲叶，就差给金鱼吃催吐药了，然而红宝石却一直都在这里。”

他瞟一眼大师乳白色的眼睛和含着笑意的大胡子嘴巴，发现那笑容稍微绽开了一些，其间蕴含的意味让其他人不由自主地都站了起来，松了一口气。

“我们大家都幸运地逃过了一劫，”蒙特伊格尔勋爵讪讪地微笑着说，“我们不该对你有任何怀疑。这是一次非常痛心的经历，我真不知该如何表达歉意——”

“我没什么好抱怨的，”神山大师说，脸上依然带着笑意，“你们压根就没碰到过我。”

当其他人簇拥着哈德卡斯尔这个当下的英雄欢笑着离开时，那个留着络腮胡子的小个子颅相学家也信步走向自己那荒唐的帐篷。他猛然回首，惊讶地发现布朗神父正跟在后面。

“我能摸一摸你头骨的隆起部位吗？”那个专家用稍带讽刺的口吻问道。

“我想你并不想再摸了，对吧？”神父心情愉快地说，“你是侦探，对吧？”

“对，”对方答道，“勋爵夫人让我帮忙留神那个大师搞什么神秘主义，她可并不傻。当他离开帐篷时，我也只能跟着，装作是个讨厌鬼和偏执狂。假如真有谁走进我的帐篷，我还得去百科全书里查查隆起部位是什么意思呢。”

“‘看哪！她头上撞了个包’，有一首民歌这么唱道，”布朗神父梦呓般地说，“哦，你在集市上纠缠起人来还真像那么回事。”

“很荒诞，不是吗？”假颅相学家问道，“东西竟然一直都在那里，想来真是奇怪。”

“非常奇怪。”神父说。

他话里有话，对方不由得驻足凝视。

“喂！”他叫起来，“你怎么了？为何用那种眼神看我？难道你不相信它一直都在那里吗？”

布朗神父眨巴眨巴眼睛，仿佛被人连连打了几巴掌似的，然后慢条斯理、犹豫不决地说：“是，事实是……我不能——我没法让自己相信。”

“你不是那种，”对方机警地说，“信口开河的毛头小子。说说你为何不相信红宝石一直都在那里呢？”

“因为是我亲手把它放回去的。”布朗神父说。

对方像钉在原地一样，发毛倒竖，嘴巴大张，一句话也说不出。

“或者说，”神父接着说，“是我说服盗贼让我把它放回去的。我告诉了他我的猜测，让他知道悔罪还来得及。我并不介意把职业秘密告诉你，况且，我也不认为蒙特伊格尔勋爵夫妇会起诉，既然他们已经找回宝物了，尤其是考虑到偷盗者为何人的时候。”

“你指的是大师？”弗洛索问道。

“不，”布朗神父说，“大师没偷。”

“那我就不明白啦！”对方抗议道，“除了大师，没人在窗户外边，那只手当然是从外面伸进来的。”

“手是从外面伸进来的，然而贼却在里面。”布朗神父说。

“我们好像又回到幻境中去了。听着，我是个务实的人，我只想知道红宝石是否安全——”

“我早就知道有问题，”布朗神父说，“早在我知道有这么一颗红宝石之前。”

顿了一下之后，他继续若有所思地说：“他们还在帐篷边辩论时，我就知道事情有些蹊跷。人们会告诉你，理论不重要，逻辑和哲学不实用，不要相信他们。理性是天主所赐，如果事情超出常理，那就说明出了问题。哦，那个相当抽象的辩论以某种滑稽的场面收场了。想想都是什么理论。哈德卡斯尔有些傲慢，说所有的事情完全都有可能，但是大多数都要依靠催眠术或者超常的洞察力，通常都是给哲学难题冠以科学的名称罢了。然而亨特却认为那都是骗局，还想要揭穿谎言。从勋爵夫人的话中可以得知，他不光到处揭穿算命先生那一类人，他实际上还专门过来揭穿这位算命先生。他并不常来，他跟勋爵夫妇处不来，自己挥霍无度，总是试图跟他们借钱，但是当他听说大师要来，也连忙赶了过来。很好。尽管如此，去找巫师的是哈德卡斯尔，拒绝去的反而是亨特。他说他不愿意把时间浪费在这种胡说八道上。不过很显然，他这一生已经浪费了足够多的时间去证明那是胡说八道。明显是自相矛盾。他以为这次是水晶球占卜，结果却发现是看手相。”

“你的意思是他以此为借口？”他的同伴不解地问道。

“我最初也是这么想的，”神父答道，“但是现在我知道那并非借口，而是理由。实际上他发现那是看手相之后一直在拖延时间，因为——”

“哦。”对方不耐烦地催促道。

“因为他不想摘掉手套。”布朗神父说。

“摘掉手套？”对方重复道。

“如果他真摘了，”布朗神父温和地说，“我们就会看见他的手已经涂成了浅棕色……哦，对，他的确是因为大师在这里才有意前来的。他是有备而来。”

“你是说，”弗洛索大叫道，“从窗外伸进来的是亨特的手，涂成了棕色？哦，他可一直都跟我们在一起的啊！”

“你去现场试试，就会发现那是很有可能的。”神父说，“亨特向前跃去，探出窗外，他可以瞬间扯掉手套，卷起袖子，从立柱的另一侧把手往回伸，同时用另一只手抓住那个印度人，高声呼喊说自己抓到贼了。我当时就说过，他是用一只手去抓贼，然而任何神志正常的人都会用两只手。只因他另外那只手正往裤子口袋里塞宝石呢！”

一阵长久的停顿过后，前颅相学家缓缓地说：“哦，那真令人吃惊。不过这事仍旧让我迷惑。首先，它不能解释老魔法师本人的怪诞行为。如果他完全是无辜的，他为何不说出来呢？他为何不因为受到指控和搜身而愤怒呢？他为何只是坐在那里，面带微笑，神乎其神地暗示自己都能做哪些疯狂而奇特的事情呢？”

“哈！”布朗神父尖声叫道，“你真是一语中的啊！其中的玄机是这些人不能理解也不愿理解的。勋爵夫人说过，所有的宗教都是相同的，是吗？哎呀！告诉你吧，有些宗教的差别是如此之大，以至于一种信仰中最好的人也会是冷酷无情的，而另一种信仰中最坏的人也会是富于同情心的。我跟你说过，我不喜欢精神力量的说法，因为它强调的是‘力量’这个词。我并不认为大师会偷红宝石，他偷的可能性微乎其微，很有可能他会觉得那东西不值得偷，珠宝对他来说诱惑力还不够。但对他来说，把跟珠宝一样不属于他的奇迹据为己有更有诱惑力。他今天就屈从了那种诱惑，那种偷窃。他想让我们认为他拥有神奇的精神力量，能够隔空抛物，即便他没做到，他也任凭我们认为他做到了。他根本就不会首先想到财产的归属问题。他要问的不会是‘我要偷这颗宝石吗？’只能是‘我能让这颗宝石消失，然后在遥远的山上重新出现吗？’这种句式。至于那是谁的宝石，对他来说无关紧要。我所说的‘宗教是不同的’就是这个意思。他为拥有自己所说的精神力量深感自豪。但是他所说的精神跟我们所说的道德可不是一回事。那该算是心智，也就是超越物质的精神力量，是操控自然要素的魔术师。但我们的理念有所不同，哪怕我们也好不到哪里去，哪怕我们还更糟糕。我们的先祖至少还是基督徒，我们是在那些中世纪的拱门下面长大的，即便我们现在用这些亚洲的妖魔鬼怪把它们装饰得花里胡哨了——我们有着完全相反的理想抱负，完全相反的羞耻感。我们都唯恐他人认为那事是我们干的。而他却急于让每个人都认为那事是他干的——即便不是他干的。他的做法等同于另类的沽名钓誉。当我们都把罪名像一条蛇那样甩开时，他实际上却像耍蛇者一样把它往身边引。只是蛇在咱们这个国家可不是宠物啊！基督教传统遇到这样的考验立刻就显现出来了。看看老蒙特伊格尔本人吧！啊，你可以尽情地搞东方主义和神秘主义，包个头巾，穿个长袍，信奉婆罗门大圣传达的箴言，但是如果家中宝石被盗，你的朋友受到了怀疑，你很快就会发现你就是个惊慌失措的普通英国绅士而已。真正做了那事的人绝对不想让我们认为是他做的，因为他也是英国绅士。他还有某些更好的品质，他是个基督教盗贼。我希望，我也相信，他是个悔过的贼。”

“照你那么说，”他的同伴笑着说，“基督教的贼跟异教的贼完全相反了。一个为做过某事而耿耿于怀，一个为没做某事而耿耿于怀。”

“我们不要对他们中的任何一个太过苛责了。”布朗神父说，“别的英国绅士之前也偷过东西，而且还受到了法律和政治的庇护。美国人也有自己一套独特的诡辩术用来遮掩偷盗行为。毕竟，这颗红宝石并不是世界上唯一一种易主的宝石，别的石头也难逃厄运；特别是那些经过精雕细刻、颜色又像花儿一样艳丽的石头。”另外一人好奇地看着他，神父用手指着大修道院的哥特式轮廓。“那一大片雕刻的大石头，”他说，“也是偷来的。”

马恩的丧主

一道闪电照亮了灰暗的树林，电光所到之处，映亮了所有枯枝干叶，哪怕是一片卷叶，仿佛每个细节都用银尖笔细细描出或用亮银精雕细琢而成。闪电的诡异绝技似乎就是在刹那间纤毫无遗地记录下了世间万物。此时此刻也是毫不例外，将一切悉数照亮，一览无余。无论是枝繁叶茂的树底下铺开的精美野餐，还是蜿蜒曲折的灰白道路，以及在路的尽头等候的一辆白色小汽车。远处有座阴沉的宅邸，高耸着四个塔尖，宛如城堡。在昏暗的暮色中它本像很多砖墙簇拥在一起，模模糊糊，犹如一团乱云，此刻却蹦入了前景。它岿然屹立，边缘的垛口、空洞的窗口赫然在目。至少在这方面，闪电发挥了它将一切昭示于人前的本领。因为对在树下野餐的几个人来说，那城堡本已成为某种模糊的记忆，几乎被抛到脑后，但它不甘示弱，硬要再次跃入他们生活的前景之中。

电光在那一瞬也用同样的银色光辉照亮了至少一个人影，那人就像宅邸的一座尖塔巍然屹立。他身材高挑，站在一个土堆上，其他人大都坐在他脚下的草地上，也有的弯身收拾食物篮和餐具。他身穿一件古雅的短斗篷，上面挂着一根银扣链，电光闪过之际，扣链如星星般闪烁。他那一头锃亮明黄的小卷发，说是泛着金光也不为过，愈发凸显出他纹丝不动的身躯上的金属质感。他整体看上去要比面孔显得年轻，鹰隼般冷峻的脸庞确实很帅气，但在强光照射下，上面已有不少皱纹，形容憔悴。或许这是他常化妆所致，因为雨果·罗曼在当年可是位著名演员。在闪电的瞬间，他那金色卷发、白皙面孔和银色装束使得他整个人就像披甲勇士般熠熠生辉。然而顷刻间，他又在雨夜灰暗的天空映衬下，变成了一个暗淡甚至漆黑的剪影。

但是他宛若雕塑般纹丝不动的表现，与脚下的一群人形成了鲜明的对比。其他所有人面对这突如其来的闪电都不由得吃了一惊，因为尽管天一直在下雨，这却是第一个闪电。在场的唯一一位女士优雅地摆动着灰白的头发，让人觉得她真的以此为傲似的，此举表明她是来自美国的主妇，但见她自然而然地闭上眼睛，发出一声尖叫。她的英国丈夫，乌特勒姆将军，是一位甚为迟钝的英裔印度人，秃顶，但蓄着一副古老样式的黑色髭须和髯须。他怔怔地抬头看了一眼，然后继续收拾东西。一位名叫马洛的青年男子不慎把杯子摔到了地上，尴尬地道着歉。他身材高大，性情腼腆，一双棕色眼睛酷似狗眼。另外还有一名男子，衣着要讲究得多，长着一颗好似梗犬的脑袋，一副好奇却又很坚决的神态，一头灰白头发生硬地往后梳着，此人不是别人，正是报业巨头约翰·考克斯珀爵士。他破口大骂，但听口音显然不是英国本土人士，他来自多伦多。但身披短斗篷的高个男子却如雕塑般立在黄昏中纹丝不动，那张鹰隼般的脸在电光的照耀下仿佛一位罗马皇帝的半身像，棱角分明的眼皮连眨都没眨一下。

过了片刻，阴暗的空中雷声轰鸣，那尊雕塑也仿佛活了过来。他转过头，漫不经心地说：“闪电和雷声大概相隔一分半钟，我估计暴风雨就要来了。打闪的时候不宜躲在树下，可是很快我们就得靠它来遮雨了。我想会是一场大暴雨。”

那青年男子有点焦急地看看那位女士，说道：“我们就不能找地方避避吗？那边好像就有栋房子。”

“那边是有栋房子，”将军说，语气相当严肃，“但并非什么热情好客的旅馆。”

“这算什么事啊！”他的妻子难过地说，“我们赶上暴雨，偏偏近处只有那栋房子。”

她的语气好像使得那个敏感而又善解人意的青年住了嘴，但是那可阻挡不了来自多伦多的男人。

“那房子怎么了？”他问，“看上去可是破败不堪啊！”

“那地方，”将军冷冰冰地说，“属于马恩侯爵的。”

“哇！”约翰·考克斯珀爵士叫道，“我碰巧听说过不少关于那家伙的情况。那可是个古怪的家伙，去年《彗星》上头版介绍他的神秘故事，‘不为人知的贵族’。”

“是的，我也听说过他。”青年男子马洛低声说，“至于他为何那样东躲西藏，好像有各种各样诡异的传言。我听说他是个麻风病患者，所以还戴着面具。还有人一本正经地告诉我说那家人受到了诅咒，生了一个可怕的怪胎，藏在秘室里了。”

“马恩侯爵长了三颗脑袋，”罗曼相当严肃地说，“每隔三百年，那家人的家谱上就会出现一个三头贵族。没人敢接近那个受到诅咒的人家，除了一队沉默不语的帽商，他们奉召前去送数量异常的帽子。但是，”说了半截，他语调陡然一转，变成那种足以在剧场中制造恐怖气氛的口气，“我的朋友们，那些帽子都不是人戴的帽子啊！”

那位美国女士皱着眉看了看他，眼神中露出一丝狐疑，仿佛那种变声的把戏让她不由自主地有所触动。

“我不喜欢你的恐怖笑话，”她说，“我情愿你没讲这个笑话，总之。”

“谨遵教诲，”那演员答道，“但是我，像轻骑队那样，连问问原因都不行吗？”

“原因是，”她答道，“他并不是‘不为人知的贵族’。我本人就认识他，或者至少可以说，他30年前在华盛顿当使馆随员的时候我跟他很熟，那时我们都还年轻。他并没有戴面具，至少，跟我在一起的时候没戴。他也不是麻风病患者，尽管他有可能同样孤独。而且他只有一个头和一颗心，那颗心还碎了。”

“不幸的爱情，当然，”考克斯珀说，“我想把那刊登在《彗星》上。”

“我想那对我们是莫大的恭维。”她若有所思地答道，“你总以为男人的心是女人给弄碎的，但是还有其他形式的爱和丧亲之痛啊！你从没读过《悼念》[①]吗？你从没听说过大卫和约拿单[②]吗？让可怜的马恩心碎的

---

① 《悼念》：19世纪英国著名诗人丁尼生为了悼念英年早逝的密友阿瑟·亨利·哈勒姆所写的哀歌。

② 大卫和约拿单：《圣经》中的人物，大卫跟扫罗的长子约拿单是莫逆之交，后者与其父一起战死，大卫为此哀痛万分。

是他弟弟的死，那实际上是他堂弟，不过是跟他一起长大的，两人像亲兄弟一样，比大部分亲兄弟更亲。我认识他的时候，大家都叫他詹姆斯·梅尔，是两兄弟中年长的那个，但他总是扮演崇拜者的角色，把莫里斯·梅尔奉若神明。而且据他说，莫里斯·梅尔是个奇才。詹姆斯也不笨，并且非常擅长自己的政务工作，但是好像莫里斯也能胜任那些事和其他任何事，他是个才华横溢的艺术家、业余演员和音乐家，等等。詹姆斯本人很英俊，身材修长、强壮、精力充沛，还是高鼻梁，不过我想年轻人可能会觉得他怪模怪样的，因为他把络腮胡子按照维多利亚时代的样式修剪成两团浓密的腮须。然而莫里斯却把胡子刮得干干净净，而且根据我见到的肖像来看，自然是非常漂亮，不过看起来与其说是绅士，倒不如说更像个男高音。詹姆斯总是一而再再而三地问我，他的朋友是不是奇才，是不是女人都会爱上他，诸如此类的，直到把我烦得要命。只可惜那突然之间演变成了一场悲剧。仿佛他一生都在膜拜的偶像，有一天却突然倒下，像瓷娃娃一样摔成碎片了。莫里斯在海边意外染上了风寒，一切就都结束了。”

“从那以后，”那青年男子问道，“他就这样把自己关起来了吗？”

“他先是去了国外，”她答道，“去了亚洲、食人岛和鬼知道什么地方。天降横祸，每个人的反应大不相同。他与世隔绝，切断和任何人的联系，甚至抛弃传统，尽可能摆脱掉回忆。他不忍提及往事，一幅肖像，一件轶事，就连能引发联想的东西都不行。他不忍举行隆重的葬礼。他一心想着逃离，在外流落了10年。我听说他在流亡末期开始有所恢复，但是一回到家就旧病复发了。他患了一种宗教性忧郁症，实际上就是疯了。”

“教士们掌控了他，据说，”老将军抱怨道，“我知道他捐了几千镑建一所修道院，自己也像修士那样过活——或者，不管怎么说，像个隐士一样过活。真闹不明白他们凭什么觉得那样就有好处。”

“可恶的迷信，”考克斯珀气哼哼地说，“应该揭发那种事。一个没准会对这个帝国和世界有用的男人，却被那些吸血鬼控制着，直到吸干他的血。我敢打赌，就凭他们那种不近人情的观念，他们甚至都不允许他结婚。”

“是的，他一直就没结婚，”那位女士说，“事实是，我认识他的时候，他订婚了，但是我想那对他来说根本就不重要。当其他所有的一切都烟消云散时，那件事也同样烟消云散了。就像哈姆雷特和奥菲莉娅——他放弃了爱情，因为他放弃了生活。不过我认识那个女孩，实际上，我现在依然认识她。私下说一句，就是维奥拉·格雷森，一个老海军上将的女儿。她也一直未婚。”

“真是可耻！真是可憎！”约翰爵士嚷着蹦了起来，“那不仅是个悲剧，而且还是犯罪。我要对公众负责，我要揭露这种荒谬绝伦的烂事。在20世纪——”

他差点就因为抗议而窒息了，接着，一阵沉默过后，那个老兵说道：“哦，我并不自诩对那种事情很了解，但是我想这些宗教人士应该学会这句箴言：任凭死人埋葬他们的死人[①]。”

“只是，不幸的是，事情看起来正是如此呢！”他的妻子叹气说道，“那就像个令人毛骨悚然的故事，一个死人埋葬另一个死人，反反复复，

① 见《圣经》中的《马太福音》第8章的第22节和《路加福音》第9章的第60节。

永不止息。”

“暴风雨已经过去了，”罗曼说，脸上带着神秘莫测的微笑，“总之你们不用再去拜访那个不热情好客的人家了。”

她突然战栗起来。

“哦，我是绝对不会再去的！”她嚷道。

马洛瞪大眼睛盯着她。

“再去！你以前去过？”他叫起来。

“哦，我去过一次，”她轻描淡写地说，话语间不无自豪感，“但是我们没有必要旧事重提了。现在不下雨了，不过我想我们最好回到车里去。”

他们鱼贯离开时，马洛和将军殿后，后者突然压低声音说：“我不想让那个矮小粗俗的考克斯珀听见，不过既然你问了，还是告诉你吧。就为那事我一直不能原谅马恩，不过我想是那些修士把他调教成了那副模样。我妻子曾经是他在美国时最好的朋友，实际上她进那栋房子时，他正在花园散步，像修士一样低头看地，脸藏在黑色兜帽里，那兜帽实际上跟任何一个面具一样可笑。她已经把名片递了进去，就站在他必经之路上等。他却一句话都不说，连眼皮都不抬就径直走了过去，仿佛她是块石头。他不是人，纯粹是个可怕的机器人。她真该说他是个死人。”

“真是太奇怪了！”那青年男子含糊地说，“不像——不像我料想的那样。”

年轻的马洛先生离开那个令人相当沮丧的野餐以后，就心事重重地去找一位朋友。他并不认识任何修士，但认识一位神父，急着要把那天下午听到的怪事告诉他。他非常想知道，如他亲眼所见的乌云那样笼罩着马恩府邸的残酷迷信到底是什么。

在找遍了一个又一个地方以后，他最终在另一位朋友家里找到了布朗神父，那朋友信奉罗马天主教，拥有一个大家庭。他多少有点唐突地走进去，发现布朗神父正神情严肃地坐在地上，试图把一个蜡人的鲜红帽子别在一个泰迪熊的头上。

马洛稍稍感觉有点不合时宜，但他满腹疑云亟待解开，一刻也不想耽搁。他结结巴巴，想到什么就说什么，和盘托出将军夫人提到的关于马恩府邸的悲剧故事，还捎带着将军和报纸业主的大部分评论。提到报纸业主时，对方似乎突然表现出了关切。

布朗神父既不知道也不在乎自己的态度是滑稽还是平常。他继续坐在地上，大大的脑袋和短短的腿使得他看起来像极了一个玩玩具的婴儿。不过他那双灰色的大眼睛里流露出的神情，曾在1900年以来各个世纪里许多人的眼中流露过，只是他们大都不会坐在地上，而是坐在宗教会议桌边、教会礼堂的座椅上或者主教和红衣主教的宝座上。那是一种深远而又警惕的表情，因谦卑地承载着对人来说过重的责任而倍显凝重。那种焦虑和颇具远见的表情让人联想起船员和驾驭圣伯多禄之船①多次穿越暴风雨的掌舵人的神情。

“你能把这件事告诉我，真是太好了！”他说，“我真的非常感激，

---

① 圣伯多禄（圣彼得）被认为是耶稣基督所拣选的第一位教宗，也是历代罗马天主公教最高领袖的代表和总称。“圣伯多禄之船”即指教会。

因为我们也许得做点什么。如果只是涉及像你和将军那样的人，那或许还只是一件私事，但要是约翰·考克斯珀爵士准备在他的报纸上散播某种吓人的言论的话——哦，他是个多伦多奥兰治会员[①]，我们就不能置之度外了。”

“但是你对此事怎么看？”马洛迫不及待地问。

“首先我要说的是，”布朗神父说，“如你所述，那听上去不够真实。假定，姑且争辩一下，我们都是毁坏人类一切幸福的厌世吸血鬼。假定我是个厌世的吸血鬼。”他用泰迪熊去挠鼻子，隐约意识到有点不合时宜，于是又把它放了下来，“假定我们确实会破坏一切人际关系和家庭关系，那么，在他刚表现出脱离家庭纽带的迹象时，我们为什么又要把他重新抛回去呢？指控我们既摧毁这种感情又鼓励这种迷恋，真是有点不公平啊！我不明白，即便是一个宗教狂又为何非得是那种偏执狂，或者说宗教怎么会助长那种偏执，而不是给人们带来一点希望呢！”

他稍作停顿，然后接着说：“我想同你的那个将军谈谈。”

“是他妻子告诉我的。”马洛说。

“是，”对方答道，“但我更想知道将军本人没告诉你的那部分。”

“你认为他知道的更多？”

“我认为他知道的要比他妻子说出来的多，”布朗神父答道，“你告诉我他说过除了对他妻子无礼这件事以外，他任何事情都能原谅。究竟还有什么需要原谅呢？”

---

① 奥兰治会：英国基督新教一个秘密政治社团，1795年创立于爱尔兰。

说话之间布朗神父已经起身，抖了抖他那没款没型的衣服，站在那里看着这个青年男子，眯着眼睛，面露一丝迷惑的神情。下一刻他已经转过身，拿起同样是没款没型的伞和破旧的大帽子，迈着沉重的步子沿街走开了。

他穿过各式各样的大街和广场，直至来到伦敦西区一座富丽堂皇的老宅子门口，问仆人自己是否能见乌特勒姆将军一面。经过一番交涉，他被带到书房，那里地图和地球仪比书还多，一个秃顶、蓄着黑色髯须的英裔印度人坐在那里抽一根细长的黑雪茄，在一张地图上玩着大头针。

“抱歉打扰，”神父说，“因为我难保不让打扰看上去像硬闯，这更让我过意不去了。我想跟你说一件私事，并希望它保持这种状态。不幸的是，有些人可能要把它公之于众。我想，将军，你认识约翰·考克斯珀爵士吧？”

老将军满脸浓密的胡须几乎成了他的面具，基本上看不出他是否在微笑，但可以看到他的棕色眼睛不停地闪动。

“大家都认识他，我想，”他说，“我跟他只是泛泛之交。”

“哦，你知道，凡是他知道的，每个人都会知道，”布朗神父微笑着说，“尤其是当他一时高兴要把它登上报纸的时候。我从我的朋友马洛先生那里得知——我想那人你也认识，约翰爵士准备刊登一篇激烈的反教会文章，内容涉及他所谓的马恩之谜，‘教士逼疯侯爵’之类的东西。”

“如果他想那么做的话，”将军答道，“我不明白你来找我干什么。我可告诉你啊，我是个虔诚的新教徒。”

“我非常喜欢虔诚的新教徒，”布朗神父说，“我来找你，是因为我确信你会说出真相。我对约翰·考克斯珀爵士可不那么有信心，希望那不会显得不仁厚。”

将军那双棕色眼睛又闪动了一下，但是什么话也没说。

“将军，”布朗神父说，“假定考克斯珀之流打算大肆散播针对你的国家和军队的谣言，假定他说你的军团临阵脱逃，或者你的部下被敌方收买，你会不愿意说出能够反驳他的真相吗？你难道不会不惜一切代价让所有人明白事实真相吗？哦，我也算是有一个军团，我也属于一支军队。我的军团与军队被一个我确信是虚假的故事给玷污了，但我又不知道真相究竟是什么。你能因为我为了查明真相做出努力而责难我吗？”

那军人一言不发，神父接着说：“我已经听说过马洛昨天听到的那个故事了，关于马恩在他那比亲兄弟还亲的堂弟死了之后带着一颗破碎的心归隐的故事。我确信事实远不止这些。我来问问你是否知道更多。”

“不，”将军当即说，“我没有更多可说的。”

“将军，”布朗神父咧开大嘴笑着说，“如果我那样含糊其词，你应该可以叫我耶稣会会士了。”

那军人粗声大笑，然后充满敌意地咆哮起来。

“哦，要是我说不想告诉你，”他说，“你会怎么说？”

“我只会说，”神父温和地说，“如此一来就只有我来告诉你了。”

那双棕色的眼睛注视着他，但是现在不再闪动了。他接着说：“也许由你来说更能体谅当事人，可你非逼着我说出为何背后显然大有文章。我相当确信，侯爵这样忧心忡忡、深居简出绝非只是因为失去了一个老朋友，一定还有更能服人的理由。我怀疑教士们是否与此事有任何瓜葛，我甚至不知道他是个皈依者还是仅仅用慈善来告慰自己的良心，但是我确定他不仅仅是个丧主。既然你这么坚持，那我就告诉你一两件促使我这样想的事情吧！

“首先，据说詹姆斯·梅尔已经订婚了，但是不知怎的，在莫里斯·梅尔死后又解除了婚姻。为何一个可敬的男人会仅仅因为第三方去世就解除婚约呢？他更应该去爱情中寻求慰藉啊！但是，不管怎么说，他被迫要体面地承受那一切。”

将军咬着自己的黑髭须，棕色的眼睛变得非常警觉，甚至还有点焦虑，但是他没有作答。

“第二点，”布朗神父说着，对着桌子皱皱眉头，“詹姆斯·梅尔总是问他的女友，他堂弟莫里斯是不是很有魅力啊，是不是女人都会仰慕他啊，我不知道那位女士是否想过其间或许还有别的含义。”

将军站了起来，开始在屋内走来走去或者说踩来踩去。

“哦，该死的。”他说，但是并没有丝毫愤恨的神情。

“第三点，”布朗神父接着说，“就是詹姆斯·梅尔那奇怪的哀悼方式——毁掉所有的遗物，盖住所有的肖像，等等。那种事的确有时会发生，我承认，那可能仅仅意味着刻骨铭心的丧亲之痛，但也可能另有隐情。”

“你真该死！”另外一人说道，“你还打算啰嗦多久？”

“第四和第五点非常有说服力，”神父平静地说，“尤其是如果你把这两点综合起来考虑的话。首先，莫里斯·梅尔好像没有什么像样的葬礼，他可是名门望族的幼子啊！他一定是被匆匆掩埋了，或许还是悄悄掩埋的。最后一点是詹姆斯·梅尔立即就消失在异国他乡了，事实上，是亡命天涯了。”

“所以，”他继续说，声音还是那样柔和，“当你们通过抹黑我的宗教来美化两兄弟纯真完美的感情故事时，好像——”

“住口！”乌特勒姆大叫一声，声调如同枪响，“我必须告诉你更多，否则你会想得更坏。首先让我告诉你一件事，那是一次公平决斗。”

“啊。”布朗神父说，好像大大地出了一口气。

“那是场决斗，”对方说，“或许是英格兰史上最后一场决斗，而且发生在很久之前。”

“那听上去好多了，”布朗神父说，“感谢天主，那听上去好太多了。”

“比你所想的丑恶之事要好很多，我想。”将军生硬地说，“哦，你大可嘲笑那种纯洁完美的感情，但无论如何，那都是真的。詹姆斯·梅尔真的很宠爱他的堂弟，后者跟他一起长大，像亲弟弟一样。哥哥姐姐们有时会那样溺爱一个孩子，尤其他还是那种神童。但是詹姆斯·梅尔天性纯净，在他身上连仇恨在某种程度上都是无私的。我的意思是即便他一反常态、大发雷霆的时候，仍是客观的，对事不对人，他没有自我的概念。可怜的莫里斯·梅尔却截然相反。他更友善也更受欢迎，但是他的成功使得他非常自我。他在每样运动、艺术和才能方面都是第一，他几乎总是能赢，并且笑呵呵地接受自己的成功。但是一旦遇到失败，他立刻就会翻脸不认人，他有很强的嫉妒心。至于他如何妒忌堂哥的订婚，又如何按捺不住虚荣心而出手最终导致悲惨结局，我没必要原原本本地全告诉你。我只需跟你说，詹姆斯·梅尔也有为数不多的几项本领比他强，其中之一便是枪法，悲剧就是以此收场的。”

“你意思是悲剧就是以此开始的，”神父答道，“幸存者的悲剧。我想他根本不用教士吸血鬼帮忙就足够悲惨了。”

“在我看来，他不该这么折磨自己，”将军说，“尽管，正如我所说，那是场骇人的悲剧，但也是公平争斗。吉姆[1]是受不了对方极力挑衅才动的手。”

“你怎么会知道这些？”神父问。

“我知道，是因为我看见了。”乌特勒姆不动声色地说，“我是詹姆斯·梅尔的副手，我亲眼看见莫里斯·梅尔被射死在沙滩上。”

“我希望你能再多告诉我一些，”布朗神父沉思着说道，“谁是莫里斯的副手呢？”

“他有一个更著名的人作后盾，”将军冷酷地答道，“雨果·罗曼是他的副手，就是那个大演员，你知道。莫里斯太痴迷表演了，就开始热捧罗曼（罗曼当时才起步，还在拼命努力中），赞助他和他的事业作为回报，那位职业演员便传授给他表演技巧。但是罗曼当时，我想，实际上完全依赖他的富贵朋友，尽管他现在比任何贵族都更富有，所以他愿意充当副手跟他对那场纠纷的看法并没多大关系。他们以英国人的方式展开决斗，每人只带一名副手。我想至少得有一名外科医生在场，但是莫里斯断然拒绝，说知道的人越少越好，而且就算出现了最坏情况，我们也能随时

① 吉姆：詹姆斯的昵称。

得到帮助。他说：‘不足半英里之外的村庄里就有一位医生，我认识他，他拥有乡下最快的马，可以随叫随到，但目前还没必要找他。’哦，我们都知道莫里斯冒险最大，因为他不擅长用手枪。既然他主动拒绝援助，也就没人再坚持了。决斗是在苏格兰东海岸一片平坦的沙滩上进行的，那里有很长的一段长满杂草的沙丘，因为有它遮挡，内陆的村民既看不见决斗场面，也听不到决斗的声音。那或许是个高尔夫球场，尽管那时候英格兰人还没听说过高尔夫球。沙丘里有一处幽深蜿蜒的裂缝，我们从那里穿过，到了沙滩上。我现在还能看见当时的场景：先是宽宽的一道暗黄色，再往前是一窄条暗红色，那暗红色本身就已经像是一件流血事件留下的长长的阴影了。

“事情发生得太快了，就像沙滩上刮过一阵旋风。随着一声枪响，莫里斯就像陀螺一样转了一下，像九柱戏的木柱一样扑倒在地。奇怪的是，虽然我之前一直都在为他担心，但他死的一瞬间我就开始同情起那个杀死他的人了，今时今日依然如此。我知道，那件事一发生，我那朋友一生情感的大钟摆又会摆回低点，从此心灰意冷，无论别人有多少理由可以原谅他，他也永远永远不能原谅自己。所以，不知怎的，真正栩栩如生的东西，印在我脑海中永不能忘的画面，并不是那个灾难性结局——冒烟、枪响和跌倒的身影。那似乎都已经结束，都已经烟消云散了。我见到的是，我将永远都能见到的是，可怜的吉姆急忙跑向他倒下的朋友兼敌人。他脸色煞白，衬得棕色胡子都像是黑色的，背景中的大海映照出他棱角分明的五官，他还冲着我疯狂摆手，示意我赶紧去找沙丘背后小村庄里的外科医生。他在奔跑中扔下了手枪，一只手上拿着手套，在他拼命打着手势时，它松软抖动的手指好像变长了，表现出他寻求帮助的强烈愿望。那才是真正留在我脑海中的画面。那幅画面里再没别的东西，除了沙滩和大海形成的条纹背景，像块石头一样躺在那里、一团黑的尸体，还有死者副手在地平线上一动不动的黑色身影。”

“罗曼站着一动没动吗？”神父问，“我以为他会更快地跑向尸体呢！”

“或许在我走之后他跑过去了。”将军答道，“我在那一瞬间看见了那幅永不磨灭的画面，下一刻我已经穿过沙丘，跑出了众人的视线。哦，可怜的莫里斯确实选中了一位出色的医生，尽管来太晚了，他还是比我想象的要快。那个乡村外科医生非常了不起，红头发、急性子，但头脑清醒、办事利落。他刚一见到我，就飞身上马，朝出事地点狂奔而去，把我远远甩在了后面。就在那一刻，我对他的魄力满怀敬佩，真后悔没在决斗开始之前就把他找来，因为我相信他一定有办法阻止的。事实是，他以惊人的速度收拾了狼藉的现场。早在我靠着两条腿跑回海边之前，他就干净利索地处理好了一切：尸体暂时埋在沙丘，那个悲伤的杀人犯已被说服去做他唯一能做的事：逃命。他沿着海滨悄悄溜走，直至来到一个港口，设法离开了这个国家。余下的你都知道了，可怜的吉姆在国外待了很多年。等这事已经平息或者被人遗忘以后，他又回到了那个阴郁的城堡，自然地继承了爵位。从那天起我就再没见过他，然而我知道在他脑海最隐密的角落里藏着什么。”

“我听说，”布朗神父说，“你们当中有些人曾想方设法要见他？”

“我妻子从没放弃过，”将军说，“她无法接受犯了这种罪过就该让一个人与世隔绝，我承认我也认同她的观点。80年前这种事会被认为是相当正常的，事实上那只是过失杀人，并非蓄意谋杀。我妻子是那位引起争端的不幸女士的好朋友，她觉得若是吉姆同意再见维奥拉·格雷森一面，听到她亲口说出过去的事就不要再提了的话，没准能让他恢复神智。我妻子准备明天召集一帮老友前来商议，我想。她非常上心。”

布朗神父正在把玩放在将军地图边的大头针，好像非常心不在焉。他的头脑善于形象思维，那幅画面能在务实乏味的军人头脑中留下深刻印象，在神父更具神秘倾向的脑海中留下的色彩和画面感就更鲜明、更诡异了。他看到了荒凉的暗红色沙滩，正是血田[①]的颜色，蜷伏在那里的死者，还有追悔莫及的凶手，俯冲向前，疯狂地挥动着一只手套。而且他脑海中还一再回味让他百思不得其解的第三件事：死者的副手站在那里纹丝不动，神秘莫测，就像海边的一尊深色雕塑。那对有些人来说可能是细枝末节，可在他看来却是有待深究的大问号。

罗曼为什么没有马上行动？一个副手理应如此，是人都会那样做，何况还是好朋友。即便他口是心非或者居心叵测，碍于情面也得做做样子啊！不管怎么说，事发后，他自然应该在对方副手消失于沙丘中之前就有所行动啊！

“这个名叫罗曼的人动作很迟缓吗？”他问。

“真奇怪你竟然那么问，”乌特勒姆说着抛过去一个犀利的眼神，

---

① 血田：《圣经》中的典故，指用叛徒犹大出卖耶稣所得购置的一块田地，在耶路撒冷附近。

“不，实际上他一旦动起来就非常敏捷。但是，奇怪的是，刚刚我也在想，就在今天下午我还看见他在暴风雨中就像上次那样站着。身穿那件带银质扣链的斗篷站在那里，一只手叉腰，跟很久之前站在那血腥的沙滩上的姿势一模一样。我们都觉闪电很晃眼，但他眼睛都没眨一下。闪电过去之后，他还站在那里。”

“我想他不会现在还站在那里吧？”布朗神父问道，“我的意思是，我想他在某个时间动了动吧？”

“是，打雷的时候他动作很快，”对方答道，“他好像一直在等着打雷，因为他把闪电和雷电相隔的具体时间告诉了我们。有什么不对劲吗？”

“我用你的大头针戳到自己了，”布朗神父说，“我希望我没把它给弄坏了。”但他眨动的双眼一下子亮了起来，同时闭上了嘴巴。

“你不舒服吗？”将军问，盯着他看。

“不是，”神父答道，“我只是不如你的朋友罗曼那样坚忍。见到光的时候我忍不住要眨眼。”

他转身去拿自己的帽子和雨伞，但是走到门口时似乎想起了什么，又转身回来。他走到乌特勒姆跟前，用一种如同垂死的鱼一样无助的眼神盯着他的脸，并做势要抓住他的马甲。

“将军，”他几近耳语，“求求你，千万别让你妻子和另外那个女人再纠缠马恩了。就让睡熟的狗安心睡吧！不然会招来一群地狱猎犬的。”

只剩下将军独自一人了，他棕色的眼睛里满含着迷惑，再次坐下来玩大头针。

然而，将军夫人在接下来的一系列善意的密谋活动中却遭遇了更大的迷惑。她召集了一小群支持者要冲击遁世者的城堡。首先让她吃惊的是，那个古老悲剧的当事人之一莫名缺席了。当他们如约在距城堡很近的一家幽静的旅馆会合时，雨果·罗曼却不见踪影，直到一位律师送来一封迟来的电报，才得知那位伟大的演员突然出国了。其次，当他们派人到城堡传话要求立即面谈时，从那扇阴森森的大门出来、代表侯爵接见他们的那个人也着实让他们吃了一惊。此人并非他们想象中与那些肃穆大道或古老礼节完全相符的人，既不是某个气宇轩昂的大管家或者总管，也不是威严的男仆或者高大威猛的侍从。从幽暗的城堡门洞中走出来的竟是身材矮小、衣着寒碜的布朗神父。

“唉！”他简单而又不胜其烦地说道，“我告诉过你们，最好由着他去。他知道自己在做什么，这样只会让大家都不开心。”

将军夫人轻蔑地看着矮小的神父，陪伴在她身旁的是位身材高挑、衣着素色、依然风姿绰约的女士，想必就是当年的格雷森小姐吧。

“说真的，先生，”她说，“这是非常私密的场合，我不理解这与你何干。”

“你要知道神父们总是跟私密场合不无干系的，”约翰·考克斯珀爵士吼道，“难道你不知道他们就像藏在护壁板后面的老鼠一样，随时准备钻进每个人的私室吗？看看他是怎样把可怜的马恩控制住了。”约翰爵士稍稍有点恼火，因为他的贵族朋友劝他不要把那事公之于众。作为交换，他可以获得分享小圈子里的真正秘密的特权。他从没想过问问自己是否也像一只藏在护壁板后的老鼠。

“哦，好吧！”布朗神父焦躁不安地说，“我已经跟侯爵谈过了，我是他唯一接触过的神父，他跟神父的关系可是被大大地夸张了。他告诉你，他知道自己在做什么，我郑重请求你们由着他去吧！”

“你是说由着他在一片废墟里过这种郁郁寡欢、疯疯癫癫的活死人的生活！”将军夫人嚷道，声音有点颤抖，“一切都因为他不幸在25年前的决斗中失手杀了一个人。那就是你所说的基督的慈悲吗？”

“对，”神父不动声色地答道，“那就是我所说的基督的慈悲。”

“这正是你能从这些神父身上得到的全部基督的慈悲！”考克斯珀愤愤地嚷道，“那是他们宽恕一个做了傻事的可怜人的唯一方式。把他活活囚禁起来，用禁食、苦修和地狱之火的景象把他饿死。一切都因为误发了一颗子弹。”

“说真的，布朗神父，”乌特勒姆将军说，“你果真认为他就该受此折磨吗？那就是你的基督宗教吗？”

“毫无疑问，真正的基督宗教，”他的妻子更加温和地央求道，“应该是知道一切，原谅一切，是一种可以铭记——也可以忘却的爱。”

“布朗神父，”年轻的马洛发自肺腑地说，“我大体上认同你的观点，但是在这一点上我死活也不能认同。决斗时失手杀了人，随后就懊悔不迭，这不算是多大的罪过吧。”

“我承认，”布朗神父沉闷地说，“我认为他的罪孽要更深重。”

“你真是铁石心肠啊！”那个陌生的女士第一次开口说话了，“我准备去跟我的老朋友谈谈。”

仿佛她的声音唤醒了那栋灰蒙蒙的大宅子里的鬼魂似的，只见有个人影站在宽大的石阶顶端幽暗的门洞中。那人一袭黑衣，一头银发带着狂野，苍白的面容好似破碎的大理石雕像。

维奥拉·格雷森开始平静地走上那宽大的石阶，乌特勒姆撅着黑髭须喃喃自语道："他不会像冷落我妻子那样冷落她，我猜测。"

布朗神父无可奈何地抬头看了他一会儿。

"可怜的马恩已经深感良心不安了，"他说，"让我们尽可能去原谅他吧。至少他从没冷落过你妻子。"

"你是什么意思？"

"他根本就不认识她。"布朗神父说。

他们说话之间，那位高挑的女士傲然踏上了最后一级台阶，正好跟马恩侯爵打了个照面。他动了动嘴唇，但还没来得及说话，就出事了。

一声尖叫在那片空地上响起，沿着那些空心墙回荡。这位女士急速、痛楚的尖叫本该是含混不清的，但她喊出的却是清晰的字眼，众人都听得清清楚楚。

"莫里斯！"

"怎么啦，亲爱的？"将军夫人喊着跑上台阶，因为另外那个女人踉踉跄跄，眼看着要从石阶上跌下来。接着她举目四顾，开始往下走，身体弓缩着，抖个不停。"噢，天哪！"她说，"噢，天哪，那根本不是吉姆，是莫里斯！"

"我想，将军夫人，"神父表情凝重地说，"你最好陪着你朋友离开。"

她们转身之际，突然一声断喝，如同发自敞开的墓穴，像块石头一样从石阶上滚落下来。它是那么嘶哑和不自然，像是被遗弃在只有野鸟为伴的荒岛上的人发出的声音。那是马恩侯爵的吼声：“停下！”

“布朗神父，”他说，“在你的朋友走开之前，我委托你将我给你讲的一切都告诉他们。无论后果如何，我都不再躲藏了。”

“你说的对，”神父说，“那对你会是种解脱。”

“没错，”布朗神父后来平静地对那群盘问的人说，“他是授权让我来讲，但我要说的不是他告诉我的，而是我自己发现的。哦，我从一开始就知道，所谓修士们的毒害都是虚构的无稽之谈。我们神职人员，或许在某些情形下，会鼓励一个人定期去修道院，但绝不会鼓励他待在中世纪城堡里。同样，他们也绝对不会明知他不是修士却让他穿成修士的样子。但是我想他有可能是自愿戴上了修士的兜帽甚至面罩。我先是听说他是丧主，后又听说他是杀人犯，但是我已经隐约怀疑，促使他东躲西藏的原因不仅仅与他做了什么有关，还与他是谁有关。

“接着将军形象生动地描述了那场决斗。对我来说，最鲜明的形象就是站在背景中的罗曼先生的身影，我这样说恰恰是因为他就只站在那里。为什么将军要把死者丢在沙滩上，自己跑去求救，而死者的朋友却像树干或者石头一样，站在几码外的地方一动不动呢？接着我又听说了一件事，一件微不足道的事，就是罗曼先生在等待什么事发生时会习惯性地站着一动不动，正如他在闪电过后等待雷声一样。哦，那种习惯暴露了一切。雨果·罗曼在很久之前的那次也在等待什么事的发生。”

“可一切都已经结束了，”将军说，“他还能等什么？”

“他在等待决斗。”布朗神父说。

“但是我告诉你我看见决斗了！”将军嚷起来。

“我告诉你你并没看见决斗。”神父说。

“是你疯了还是我眼瞎了？”对方急了。

“因为你被蒙上了双眼——所以你可能看不见。”神父说，“因为你是个好人，天主垂怜你的纯真，不让你看见那场有悖人伦的冲突。他竖起一道沙墙挡在你和可怕的红沙滩上真实发生的事情之间，任由犹大和该隐狂暴的灵魂肆虐。”

“快告诉我们发生了什么事？”那位女士急得有些气短。

“我会按照我发现的顺序讲给你们听。”神父接着说，“接下来我发现演员罗曼一直在传授给莫里斯·梅尔所有的表演技巧。我曾经有个学表演的朋友，他跟我讲了一件趣事，说他表演训练的第一周全部都在练习摔倒，学习如何连晃都不晃一下就直接摔个嘴啃泥，就好像完全死过去一样。”

“愿主垂怜我们！”将军叫起来，抓住椅背，似乎想要站起来。

“阿门！”布朗神父说，“你告诉我那一切发生的太快，实际上，在子弹飞出去之前莫里斯就倒下了，躺着一动不动，等待着。他那邪恶的朋友兼老师也站在背景里，等待着。”

“我们也在等待着，”考克斯珀说，“我感觉我好像不能再等了。”

“詹姆斯·梅尔已经悔恨万分，连忙冲向倒下的人，俯身去扶。他已经扔掉了自己的手枪，仿佛那是不洁之物，但是莫里斯的枪还在手里，而且子弹尚未出膛。接着当哥哥俯身去看弟弟的时候，弟弟用左臂把自己支起，一枪射穿哥哥的身体。他知道自己不善射击，但是那么短的距离绝不会射不中心脏的。”

其他人都站了起来，瞪大眼睛盯着讲述者，面色煞白。“你能确定吗？”最后还是约翰爵士用嘶哑的声音开口问道。

“我能确定，”布朗神父说，“现在我把莫里斯·梅尔，现任马恩侯爵，交给你们心目中的基督的慈悲，你们今天给我诠释了基督的慈悲，你们好像过分夸大了它的力量，不过他这类可怜的罪人该感到多么幸运啊！你们误入歧途，滥施慈悲，愿意跟任何人重归于好。”

“去死吧！”将军爆发了，“如果你认为我准备跟那样一个心如蛇蝎的人重归于好，你就错了，告诉你吧，我不会说一句话帮他免入地狱。我说过我能原谅正常的、体面的决斗，但是这种阴险的暗杀——”

“他应该被处以私刑，”考克斯珀激动地嚷道，“他应该被活活烧死。如果有永久火刑这回事的话，他一定——”

“我本人是绝不会理睬他的。”马洛说。

“人的慈悲是有限度的。”将军夫人说，她浑身都在颤抖。

“是有，”布朗神父漠然地说，“那正是人的慈悲与基督的慈悲之间的真正区别。今天你们鄙视我不够慈悲，又告诫我要宽恕每个罪人，请务必谅解，你们说的那一套并没有让我全然信服。因为在我看来，你们只能宽恕那种你们并不真的认为是罪行的罪行。你们宽恕那些罪犯，是因为他们只不过是依照传统行事，并没有犯下你们认定的罪行。所以你们能容忍一场常规的决斗，正如你们能容忍符合常规的离婚一样。你们宽恕，是因为没有任何需要宽恕之处。”

“但是，真是岂有此理！”马洛嚷起来，“难道你想让我们饶恕这种卑鄙行径吗？”

“不，”神父说，“但是我们必须要饶恕它。”

他突然站起来，逐个看看他们。“我们必须理睬这样的人，不能鄙弃他们，而是要为他们祝福，”他说，“我们一定要说出那句话，让他们免入地狱。当你们人的慈悲抛弃他们的时候，就只剩下我们把他们从绝望中拯救出来了。你们走在自己的阳关大道上，饶恕你们喜欢的那些罪行，对那些流行的罪行宽宏大量，而我们，我们这些夜晚的吸血鬼，则被留在黑暗中独自安慰那些真正需要安慰的人，那些真正做过不可饶恕的事情、这个世界和他们自己都无法为之辩护的事情的人们，除了神父，没人愿意宽恕他们。把那些犯过卑劣、恶心和真正邪恶之罪的人们都交给我们吧。他们的行为如同圣伯多禄一样卑劣，但公鸡鸣叫了，曙光还是降临了[①]。”

“曙光，”马洛狐疑地重复道，“你是说希望——他还有希望？”

“是的。”神父答道，“让我来问你们一个问题。你们都是些正直的女士先生，能够掌控自己，你们永远不会，你们可以这样告诉自己，屈就于这种卑劣的理由。但是告诉我这一点，假如你们当中有人曾如此堕落，若干年后，等你们老了，富有了，安全了，你们谁会在良心的驱使下，或者在告解神父的劝说下对所犯罪行供认不讳呢？你们说自己不会做出如此卑劣的行径。真的做出了如此卑劣的行径，你们会承认吗？”听到这里，众人都收拾起各自的物品，三三两两默默地走出了屋子。布朗神父同样默默地走回了那个阴郁的马恩城堡。

---

① 《圣经》中的《马太福音》26章记载：主耶稣曾对圣伯多禄（圣彼得）说：“今夜鸡叫之前，你要三次不认我。”耶稣被捕入狱后，他连续三次否认与耶稣是同伙，第三次否认后，鸡就叫了，他猛醒，觉察到自己三次背主的罪错。

弗朗博的秘密

“——我在其间扮演了杀人犯角色的那种谋杀案，”布朗神父边说边放下酒杯。此刻，那些命案的血腥画面一一闪现在他眼前。

“没错，”他稍停了片刻，接着说，“在我之前另有人已经扮演了杀人犯的角色，并且让我无缘亲身体验。实际上我就相当于是候补演员，随时准备好上场扮演杀手。至少，我总是觉得我应该透彻领会那个角色的特点。我的意思是，当我试图想象在何种心态下做出一件事的时候，我总是意识到，在特定的精神状态下，我自己很有可能会做出那种事，不过在其他精神状态下不会，而且那通常不会是显而易见的精神状态。这样一来，我自然就知道了肇事者是谁，他通常不会是大家都容易想到的那位。”

“比如说，认定革命诗人杀害了老法官似乎是天经地义的，因为老法官一见到红色革命者便火冒三丈，但那并不真能成为革命诗人将之杀害的理由。如果你能想清楚一个革命诗人意味着什么，你就会认同为什么那个理由不成立。现在，我就假定自己是一个革命诗人，设身处地推想这个问题。我指的仅仅是那类崇尚反叛、持悲观看法的无政府主义者，他们的目的不是变革，而是破坏。我尽量从头脑中清除掉心智健全的因素以及具有建设性的常识，这些恰好是我有幸后天习得或者天生具备的。我关闭并遮挡住所有的天窗，不再放进一丝一缕美好的天国之光，我想象着这样一个头脑，里面只有来自地狱的一缕红光，那种冲破岩石、从无底深渊喷涌而出的火光。即使我将想象力发挥到极致，以最疯狂和最恶劣的极端情形去揣测，我仍然无法弄明白，这样一个空想家怎么会自断前程，就为了杀掉成千上万他称其为愚蠢的老古董中的一个，从而使自己落入一名普通警察之手。他不会这样做的，无论他谱写了多少暴力之歌。他不会这样做的，就因为他谱写了暴力之歌。一个人能以诗歌抒情，便无需以自杀表白自己。一首诗歌对他来说就是一件大事，而他还会想要做出更多大事来。然后，我想到了另外一种行为不端的人，这类人不是要毁灭这个世界，而是完全依赖这个世界。我想，若不是承蒙天主的恩典，我可能也会成为那样的人。在他眼里，世界无非就是一条电光映亮的小径，它的周围和远方除了无尽的黑暗别无他物。这种凡夫俗子是真正为这个世界活着的，除此以外，没有任何信念。他要从虚无中攫取的只有世俗的成功和快乐——这类人一旦面临失去整个世界、失去一切的危险时，必将不择手段，无所不用其极。有犯罪倾向的通常不会是革命者，而是受人尊敬的人——他犯罪的动机便是挽救他的体面。想想看，对于一个地位显赫的出庭律师来说，自身的污点被公之于众将意味着什么，尤其是被揭露的还是他所在的显赫圈子都深恶痛绝的罪行——叛国罪。假设我处境如他一般，世界观也不比他高明多少，只有上帝才知道我会有什么样的举动。那也正是我这小小的宗教修习能带给人心智健全之处。”

“有些人会认为这很病态。”格兰迪森·蔡斯狐疑地说。

“有些人，”布朗神父严肃地说，“毋庸置疑会认为慈善和谦卑都是病态的。我们这位诗人朋友很可能就会这样。不过，我不是要争辩那些问题，我只是想要回答你的问题，也就是我通常是怎样工作的。你的一些同胞认为我数次纠正了司法不公的错误，并问我是如何做到的，这对我来说显然是溢美之词。好吧，你回国后可以告诉他们，我是借助于病态心理做到的。最起码我不想让他们认为我是施展了魔法。”

蔡斯继续凝视着神父，皱着眉深思。他相当聪明，不可能不明白神父的意思。他本来也可以说，他的心智太过健康，所以不喜欢这种做法。他感觉自己同时在跟一个人和上百个杀人犯聊天。这个矮个子身上升腾着某种神秘的迷雾，他像个蜷伏在妖精炉边上的小妖怪，让人感觉他那个圆脑袋里装着一个繁杂喧嚣的宇宙，其中充满了非理性和虚构的不公正。仿佛在他背后无尽的黑暗中攒动着一大群巨大昏黑的身影，它们是那些罪大恶极的凶犯的幽灵，被红火炉的魔环禁锢在那里，但却蠢蠢欲动，伺机扑向它们的主人并将他撕成碎片。

“哦，恐怕我的确觉得这是病态的，”他坦率地说，“而且我还不能肯定那是不是跟魔法一样病态。但是，无论病态与否，有一点是肯定的，它必定是一种非常有趣的体验。”说完，他想了想，又补充道：“我不知道你是否真能成为手段高超的罪犯。但你应该能成为一名杰出的小说家。”

“我只跟真实发生的事情打交道，”布朗神父说，“但想象真实的事情有时比虚构的事情还要难。”

“特别是，”另一位说，“当你要想象的是世上最重大的罪案时。”

“真正难以想象的并非重大罪案，而是那些不起眼的小案子。”神父回应道。

“你这样说，我就又弄不明白啦！”蔡斯说道。

“我指的是诸如盗窃珠宝一类的普通案件，”布朗神父说，“就像那种翡翠项链、梅鲁的红宝石或者人造金鱼之类的盗窃案件。那些案子的难点在于，你必须设法变得心胸狭隘。大盗巨骗通常会以大构想蛊惑人，不会染指那些显而易见的事。我确定‘先知’没偷红宝石，伯爵也没盗取金鱼，尽管像班克斯这样的人可能顺手就偷走了翡翠项链。对他们来说，一粒宝石不过是一块玻璃，他们能透过玻璃看东西，但那些没见过世面的小人物看重的却是它的市场价值。”

“为此，你不得不使自己变得心眼狭小。做到这一点相当困难，就像拿着抖动的相机持续接近被拍对象，不断聚焦，图像越来越清晰一样。但有些东西能帮上忙，也为解开谜团提供了诸多线索。比如，那类吹嘘自己能‘揭穿’冒牌魔术师或者庸医的人——他往往心眼狭小，属于能‘看透’江湖术士并当场揭穿他们谎言的那种人。我敢说，它有时可能是一种痛苦的义务。它是一种极其低下的乐趣。就在我认清小心眼意味着什么的那一刻，我就知道该去何处寻找了——那个想要揭穿‘先知’的人——正是他偷走了红宝石；那个奚落姐姐习练通灵的人——正是他偷走了翡翠项链。那种人总是盯着宝石，他们永远不会达到大盗巨骗鄙视宝石的那种境界。那些小心眼的罪犯总是相当守旧，他们成为罪犯的原因纯粹是由于拘囿俗套。

“当然，要想达到如此粗陋的心智境界需要相当长的时间。要想体会到如此老套的心境必须要有相当疯狂的想象力。你还需要拥有一种十分强烈的愿望，希望将那个微不足道的小东西据为己有。但是，你可以做到……你可以接近那种状态。首先想象着自己是一个贪婪的小孩，想象自己怎样从商店里偷出一块糖，如何渴望得到让你特别想要的那块糖……然后你要去掉孩子特有的天真烂漫，遮住笼罩在糖果店上的五彩光芒，想象你真以为自己了解这个世界以及糖果的市场价值……你就将自己的心灵当成正在对焦的相机……取景框里的物体逐渐成形，越来越清晰……然后，突然，它便清楚地呈现在你眼前了！”

他说话时的样子，就仿佛他曾经见过神圣幻景。格兰迪森·蔡斯仍然看着他，凝神蹙眉的表情中交织着困惑和好奇。必须承认的是，在他紧蹙的眉间的确曾有貌似惊慌的神情一闪而过。仿佛神父最初的奇特告白依然让他惊魂不定，如同室内一声惊雷一样余音不绝。在内心深处，他一再告诫自己，那仅仅是一时意乱情迷，一定是这样。布朗神父不可能是自己在被迷住双眼、失去判断力的瞬间看到的那个魔鬼和杀人犯。但是，他说自己是杀人犯时竟然能如此镇定自若，难道他的精神真出了什么问题？难道这位神父真有可能精神失常了？

“难道你不觉得，”他冷不丁开了口，“你的这种观点，一个人设身处地将自己想象成一名罪犯，有可能会让他对犯罪有点过于宽容了？”

布朗神父挺直腰板，说起话来更加抑扬顿挫。

“我知道结果恰好相反。它解决了一切有关时间和罪行的问题。它让一个人提前悔过。”

然后就是一阵沉默。那个美国人看着高耸、陡直的屋顶，它向外延展，遮住了空地上的半边天。主人则纹丝不动地凝视着炉火。然后，神父又打破了沉默，此时他的语调发生了明显变化，仿佛是从地底下传来的。

“摒弃魔鬼的方式有两种，”他说，“而两者的区别恐怕也是现代宗教中最深刻的分歧所在。其中之一是因为他与人性相距太远而令人心存恐惧，另一种是因为他与人如此贴近而令人感到恐惧。这两种善的差异如此之大，甚至超过善与恶之间的差别。”

其他人没有答话，神父继续语重心长地往下说，让人感觉他说的话字字千钧，掷地有声。

“你们可能会觉得犯罪活动很可怕，因为你们从来不会去犯罪。我认为犯罪活动很可怕，因为我有可能犯罪。你们把犯罪当成维苏威火山的爆发，但那并不比这座房子着火还可怕。如果一名罪犯突然在这个屋里现身——”

“如果一名罪犯突然在这个屋里现身，”蔡斯微笑着说，“我认为你对他来说可是求之不得的好事啊！很显然，你会上来就跟他说，你本人就是个罪犯，并解释说，他偷父亲的钱包、割断母亲的喉咙，都是再自然不过的事了。说老实话，我并不觉得这种做法很现实。我认为，它的实际效果可能是，再也没有罪犯会真心痛改前非了。说说理论、谈谈假设的案例是很容易，可我们都知道，这无非都是空谈而已。我们这些人，安坐在迪罗克先生温馨舒适的家里，尽享着体面人该有的一切，不过是借着谈论窃贼、杀人犯和他们隐秘的内心世界，获得一种超然物外的精神刺激罢了。但是，真正要跟窃贼和杀人犯打交道的那些人就不同了，不得不以其他方式对付他们。我们安逸地围坐在火炉边，而且我们知道这座房子并没有失